The Space of Light

El espacio de la luz

El espacio de la luz, cuentos y poemas (all poems and stories); Palabras de la autora; translation into Spanish of "Introducción" y / and cubierta /cover art by Nela Rio © 2004. *The Space of Light, fiction and poems* (translations into English) and Introduction by Elizabeth Gamble Miller © 2004.

Diseño y dirección de / design and in-house editing by Joe Blades.
Impreso y hecho por/ printed and bound by Sentinel Printing, Yarmouth, NS, Canadá.

El editor agradece el apoyo del Consejo de Artes de Canadá y de la Secretaría de Cultura y Deportes de Nuevo Brunswick—División de Desarrollo de las Artes. / The publisher gratefully acknowledges the support of the Canada Council for the Arts and the New Brunswick Culture and Sports Secretariat—Arts Development Branch.

Broken Jaw Press Inc.
Box 596 Stn A   **www.brokenjaw.com**
Fredericton NB E3B 5A6
Canadá

Library and Archives Canada Cataloguing in Publication Data
Rio, Nela
    The space of light : fiction and poems / Nela Rio ; editor and translator, Elizabeth Gamble Miller = El espacio de la luz : cuentos y poemas / editora y traductora, Elizabeth Gamble Miller.

Text in Spanish and English.
Includes bibliographical references.
ISBN 1-55391-020-6

I. Miller, Elizabeth Gamble, 1926- II. Title. III. Title: Espacio de la luz.

PS8585.I458S63 2004   C863   C2004-905435-X

Nela Rio

The Space of Light
fiction and poems

El espacio de la luz
cuentos y poemas

editor and translator / editora y traductora
Elizabeth Gamble Miller

Para Carlota,
con gran cariño

Nela

Fredericton • Canadá

Índice / Contents

8   Introducción, de Elizabeth Gamble Miller
           traducción de Nela Rio

9   Introduction, by Elizabeth Gamble Miller

12   Palabras de la autora, Nela Rio

13   Words from the Author, Nela Rio

14   El jardín de las glicinas   (cuento)

15   The Wisteria Garden   (short story)

24   Poemas de *En las noches que desvisten otras noches*, I, V, IX, XI, XIV, XX

25   Poems from *During Nights that Undress Other Nights*, I, V, IX, XI, XIV, XX

38   Francisca, sin techo   (poema en cuatro cantos)

39   Francisca, Homeless   (poem in four cantos)

44   A Ña María, con cariño   (poema)

45   To Maria, with Affection   (poem)

46   La doncella de fuego   (poema)

47   The Fire Damsel   (poem)

50   Belinda, octogenaria   (poema)

51   Belinda, Octogenarian   (poem)

52   Tango   (poema)

53   Tango   (poem)

54   Malena, en el patio de luna llena   (poema)

55   Malena, on the Patio of a Full Moon   (poem)

56   Marietta, en el Angelus   (cuento)

57   Marietta, At the Angelus   (short story)

70   Poemas de *Los espejos hacen preguntas* (Poemas a Sor Leonor de Ovando), I, II, III, IV, V, VI, XV

71   Poems from *The Mirrors Ask Questions* (Poems to Sor Leonor de Ovando), I, II, III, IV, V, VI, XV

84   El rosedal   (poema)

85   The Rose Garden   (poem)

86   Comienzo   (poema)
87   Beginning   (poem)
88   La brisa   (poema)
89   The Breeze   (poem)
90   El nombre   (poema)
91   The Name   (poem)
92   Lucrecia   (cuento)
93   Lucrecia   (short story)
110   La noche del laurel mudo   (poema)
111   The Night of the Mute Laurel   (poem)
114   Consistente verdad   (poema)
115   A Consistent Truth   (poem)
116   El olvido viaja en auto negro   (cuento)
117   Oblivion Travels in a Black Car   (short story)
122   Tiempo de permanencia   (poema)
123   A Time for Permanence   (poem)
124   María de la Victoria   (cuento)
125   Maria de la Victoria   (short story)
128   Dicen que la niña ha vuelto   (poema)
129   They Say the Girl Has Come Back   (poem)
132   Mujer de tiempo   (poema)
133   Woman of Time   (poem)
134   Isabel, en la ocasión solemne   (poema)
135   Isabel, in the Solemn Ocassion   (poem)
136   El espacio de la luz   (cuento)
137   The Space of Light   (short story)

150   Sobre la autora
151   About the author
154   Sobre la editora y traductora
155   About the Editor and Translator
158   Credits/Acknowledgements

Introducción

Esta selección de mis traducciones de veintinueve poemas y seis cuentos de la voluminosa producción de Nela Rio ofrece una amplia vista de su obra desde 1980 a 2004. Porque las imágenes que aparecen en el lienzo de su obra varían en grados de intensidad y en sus múltiples matices de luz y color, la ubicación de los textos elegidos para esta antología no es cronológica sino que refleja experiencias y emociones en un contrapunto de tensiones.

En toda su obra Rio teje un hilo místico que afirma el vivir como una celebración. Su don para metáforas líricas le otorga un aura de misterio y encanto, de tal manera que su narrativa también despliega características poéticas y míticas, como en "El espacio de la luz", cuento que da título a esta antología.

Los cuentos como "El olvido viaja en auto negro" y "María de la Victoria", son alegorías escritas en prosa poética. El talento lírico de Rio está ampliamente demostrado en "El jardín de las glicinas", en el que el lenguaje de las flores, en las pinturas de la artista, expresa la violencia doméstica y, en "Marietta, en el Angelus", el lenguaje de la música y del canto traducen el deseo. "Lucrecia" es una celebración paradójica de solidaridad y victoria de mujeres en situación de opresión.

De los siete poemarios representados en esta selección, los poemas de su manuscrito "Poesía y otros ritmos" están hábilmente construídos para desarrollar el tema según el compás de un instrumento musical o de un ritmo particular de la música latinoamericana. El tambor bagualeño marca la cadencia para "Ña María", la vibración de los charangos para "Dicen que la niña ha vuelto", los cascabeles para "La doncella de fuego", como lo es el entrecortado sonido de la milonga en "La noche del laurel mudo", y la seductiva melodía del tango en "Malena en el patio de luna llena", y en "Tango".

Sus poemas testimoniales, de *En las noches que desvisten otras noches / During Nights that Undress Other Nights*, afirman la vida, paradójicamente destacando la integridad y el valor de mujeres apresadas en trágicas circunstancias. Otros poemas seleccionados para esta antología incluyen diez poemas de tres extensos manuscritos:

Introduction

This selection of my translations of twenty-nine poems and six short stories from Nela Rio's voluminous production offers a broad spectrum of her writing from the 1980s to 2004. Because the images cast on Rio's canvas vary in their degrees of darkness and their multiple shades of light and colour, the placement of the chosen texts is not chronological but an off-centre presentation of experiences and emotions in a counterpoint of tension.

Throughout the whole Rio weaves a mystical thread that affirms life as a celebration. Her gifts of metaphorical lyricism bestow an aura of mystery and enchantment, so that her fiction also displays characteristics of poetry and myth, as an example "The Space of Light", the short story that provides the title and concludes the selections.

Short stories such as "Oblivion Travels in a Black Car", and "Maria de la Victoria", are allegoric poetic prose. Rio's lyrical skills are fully demonstrated in "The Wisteria Garden", where the language of flowers in the paintings of the artist speak of domestic violence, and in "Marietta, At the Angelus", in which the language of music translates desire. "Lucrecia" is a paradoxical celebration of solidarity and victory of women over oppression.

Of her seven volumes of poetry represented in these selections, the poems of her manuscript "Poesía y otros ritmos" (Poetry and Other Rhythms) were skillfully constructed to develop the theme according to the beat of a particular instrument or dance of Latin American music. The *bagualeño* drum marks the cadence for "To María", the strumming of the *charango* guitars for "They Say the Girl Has Come Back", tinkling *cascabeles* for "The Fire Damsel", the heel pounding sounds of the *milonga* for "The Night of the Mute Laurel", and the seductive melody of the *tango* for "Malena on the Patio with a Full Moon", and "Tango".

Her testimonial poems, from *En las noches que desvisten otras noches / During Nights that Undress Other Nights*, affirm life, highlighting the integrity and courage of women caught in tragic circumstances. Other poems selected for this book include ten poems from three lengthy manuscripts: from "Mano sobre piedra roja", the section of portraits, "Belinda, Octogenarian", honouring the mature stage of a

de "Mano sobre piedra roja," en la sección de "retratos", "Belinda, octogenaria", rinde honor a la vejez en la vida de la mujer, y en "Isabel, en la ocasión solemne", es la celebración de la traducción como misterio y arte; de "Laberinto vertical", que es la búsqueda de una nueva mitología, los poemas "Mujer de tiempo" y "Consistente verdad"; y de "En el umbral del atardecer", los poemas "El nombre", "La brisa", "El Rosedal" y "Comienzo", en memoria de la pérdida y del amor, dedicados a su madre.

Los espejos hacen preguntas / The Mirrors Ask Questions son poemas inspirados por una poeta monja del siglo XVI que vivía en Santo Domingo de la Española (hoy la República Dominicana) durante la época en que Francis Drake sitió y asaltó la ciudad destruyendo edificios, quemando y asaltando conventos y estableciendo su cuartel general en una iglesia cercana (hoy la catedral). El epistolario en sonetos y versos sueltos, fue escrito por Sor Leonor en un intercambio poético con Eugenio de Salazar, Oidor de la Primera Audiencia en las Américas. Los siete poemas seleccionados de los quince poemas que escribió Rio dedicados a Sor Leonor en *Los espejos… / The Mirrors…* establecen la mística conexión entre las dos. Su perspectiva ubica a Leonor en el convento en el acto de escribir poesía, una poesía que nos traerá su encanto hasta el presente: (Poema XV) "Naciste la luz en el papel,/ creciste alas a los siglos/ y hoy, aposentada nuevamente en tus palabras/ confiada, esperas".

La poesía de Rio da nacimiento a luz. Resuena en la simpatía por los otros. Esto está conmovedoramente expresado en "Francisca sin techo", un extenso poema lírico en cuatro cantos sobre crudas realidades y desilusionamiento. Estos cantos ejemplifican aún más la estética personal y las características temáticas de la obra de Nela Rio. Los hilos unificadores de la luz que surcan su escritura son el goce y la valentía, la determinación de las mujeres de vivir la vida plenamente y la de mantener su integridad personal en la adversidad. Su brillante imaginería llena las selecciones en *El espacio de la luz*. La colección expresa elogio por las mujeres y también es un llamado a celebrar las vidas individuales del pasado, del presente y de aquellas que vendrán.

Elizabeth Gamble Miller. Ph.D.

woman's life, and "Isabel, on the Solemn Occasion", a celebration of translation; from "Laberinto vertical", a poetic essay toward a new mythology, the poems "A Time for Permanence", "Woman of Time", and "A Consistent Truth"; and from "En el umbral del atardecer," the poems "The Name", "I Saw the Breeze Travel", "The Rose Garden", and "Beginning", in memory of loss and love, poems dedicated to her mother.

Los espejos hacen preguntas / The Mirrors Ask Questions are poems inspired by a 16th century Dominican poet nun living in Santo Domingo of Hispaniola (today the Dominican Republic) during the epoch of pirates and Francis Drake's assault and siege of the city that destroyed buildings, plundered and burned her convent and others, and established headquarters and barracks in the nearby church (today the cathedral). Sor Leonor's own epistolary sonnets and blank verse were written in a poetic exchange with Eugenio de Salazar, a Spanish plenipotentiary to the First Audiencia in the Americas. The seven poems selected from the fifteen Nela dedicates to Sor Leonor in *Los espejos... / The Mirrors...* establish the mystical connection between Nela and the nun. Her perspective places Sor Leonor in the cloister in the act of writing poetry, a poetry which will span centuries to charm us in the present: (Poem XV) "You gave birth to light on the paper/ you grew wings on the centuries/ and today, newly resting upon your words/ confident, you wait" (Naciste la luz en el papel,/ creciste alas a los siglos/ y hoy, aposentada nuevamente en tus palabras/ confiada, esperas.).

Rio's poetry gives birth to light. It rings with empathy for others. This is most poignantly expressed in *Francisca sin techo / Francisca Homeless*, a long lyrical poem of four cantos of harsh realities and disillusionment. These further exemplify the unique aesthetic and thematic characteristics of Nela Rio's *oeuvre*. The unifying threads of light running through the lines are the joy and courage and determination of women to live life to full measure and to maintain personal integrity in adversity. Her brilliant imagery fills the selections in *The Space of Light*. The collection is a eulogy honouring women and also a call to celebrate individual lives, of the past, in the present, and the ones of the future.

Elizabeth Gamble Miller. Ph.D.

Palabras de la autora, Nela Rio

La mayor parte de mi vida adulta la he vivido fuera de mi país de origen, Argentina. Desde 1977 soy ciudadana canadiense. Estos dos espacios geográficos y culturales son parte de mi identidad. Escribir en castellano en un país cuyas lenguas oficiales son el inglés y el francés representó para mí un desafío constante porque mi idioma tiene raíces profundas y me expresa de una manera distinta. Por mucho tiempo pensé que escribía "desde afuera", y me sentí aislada, silenciada en el lugar "ex-céntrico". Sentí que escribía en las márgenes de estos dos espacios, el uno, conocido y familiar que reconocía como centro pero del que estaba fuera, y el otro, adoptivo, ambiguo, ambivalente que lo sabía foráneo, a la vez que presentía que ambos espacios eran deseables y opresivos. Y precisamente en este borde cultural, como la cresta de una ola, emplacé mi centro creativo en lo que siempre llevo conmigo, mí misma, y traté de evitar la marginalidad e hice del escribir lo extranjero y lo familiar, al mismo tiempo siendo la "una" y "la otra", introduciéndome en la hibridez. Fui consciente de la multiplicidad que se suprime en la comprensión monológica de la identidad. En la práctica de mi escritura la poética del "desplazamiento" es, al mismo tiempo, un acto de liberación y de inclusión en un espacio creativo.

Y desde allí accedo a las múltiples dimensiones del ser donde coexisten el pensar acumulado en el vivir, las presencias, las emociones, las experiencias, muchas veces inadvertidas, y las evoco hasta que se hacen cotidianeidad. El acto creativo que abre la zona de penetración hacia el misterio, en que se produce la concordancia de la recreación: una nueva manera de pensar, una nueva manera de sentir, una nueva manera de decir. Lo original y primigenio, la nitidez de la multiplicidad. Ese espacio es, para mí, luminoso y fuente de extraordinario placer.

Words from the Author, Nela Rio

The greater part of my adult life I have lived outside of my native country, Argentina. Since 1977, I have been a Canadian citizen. These two geographical, and cultural spaces are part of my identity. To write in Spanish in a country, whose official languages are English and French, represented for me a constant challenge, because my language has deep roots and expresses me in a different way. For a long time I thought that I was writing "from outside," and I felt isolated, silenced, in an "ex-centric" place. I felt that I was writing on the margins of those two spaces, the one, known and familiar that I recognized as a centre, but from which I was outside, and the other, adopted, ambiguous, ambivalent that I knew to be foreign, and that pushed me to the margin, at the same time I sensed that both spaces were desirable and oppressive. And precisely on this cultural border, like the crest of a wave, I rooted my creative centre in what I always carry with me, myself, and I tried to avoid marginality, and I made the act of writing encompass the foreign and the familiar, at the same time being both the "one" and "the other", introducing myself into a hybrid state. I was conscious of the multiplicity that is suppressed in comprehension of identity in a single dimension. In the practice of my writing the aesthetically poetic "displacement" is at once an act of liberation and of inclusion within the creative space.

This is the source of my access to the multiple dimensions of a person's being, where the presences, the emotions, the experiences, often unnoticed, coexist in the thought accumulated in living. And I evoke them until they become familiar. The creative act opens the zone of penetration toward mystery, in which the harmony in the recreation is produced: a new way of thinking, a new manner of feeling, a new manner of saying, wherein the original and the pristine share the purity and clarity of multiplicity. That space, for me, is luminous and a source of extraordinary pleasure.

El jardín de las glicinas

El rumor llegaba en el perfume. Las flores se tocaban, se inclinaban unas sobre otras, rozaban tallos, se sacudían tentativas y frágiles. El aroma, en racimos penetrantes y azules, se hacía parte de la brisa en esa tarde de primavera. El tronco delgado y las ramas como dedos largos pegados contra la pared, retorcidos, como sufrientes, eran de un marrón oscuro, a veces veteado con blanco grisáceo. Las flores de la glicina parecían pertenecer a otro cuerpo, eran tan brillantes y frágiles y fragantes. La planta no tenía hojas en primavera, sólo el cuerpo que siempre parecía viejo y las flores y el perfume. La glicina estaba contra una pared de ladrillo. El contraste del azul contra el rojo apagado era sorprendente. Hasta se podían ignorar el tronco y las ramas para que sólo quedaran el azul contra el rojo, y el perfume. También había otras flores y era curioso que, aunque cambiaran, la glicina permanecía contra la pared de ladrillo, siempre en flor.

El cuarto estaba a oscuras. La puerta cerrada, sin llave. Ella agachada y abrazándose las rodillas, estaba en el suelo, tratando de desaparecer detrás de la cama. El bebé lloraba en el otro cuarto. Ella empujó unos papeles debajo de la cama. El entró, no le costó encontrarla. Fue hacia ella y la abrazó "Mi niña, mi amor…" la hizo poner de pie y sentarse en la cama. "Mira esas lágrimas, no, no llores" y le besaba la cara "mi niña, mi amor". La rodeó con los brazos y la acunó, chasqueando la lengua, apaciguándola. La separó unos pocos centímetros de sí mismo, "Mira, mira cómo tienes la cara…mi amor…no me lo hagas hacer más…si no insistieras con tus cosas yo no lo haría…mira, mira, tu carita…" y ahora era él quien lloraba, gimiendo, pidiendo perdón… "No me lo hagas hacer más, por favor … por favor…rompamos ahora esas pinturas…así, así…ya ves, si pintaras flores sería distinto…pero insistes…" El no vio una de las pinturas que había quedado debajo de la cama. La llevó al baño y quiso lavarle la cara. El bebé había dejado de llorar. Ella también. El ya no gemía. Ahora era ella la que quería lavarle los nudillos de la mano derecha, ligeramente ensangrentados, "es todo mi culpa…perdóname…pintaré sólo flores" … "¿Me lo prometes?" preguntó con cara y gesto de mimoso… "Sí, mi amor".

The Wisteria Garden

The soft murmur was coming from the perfume. The flowers were touching, bending over one another, their stems lightly brushing and quivering, tentative and frail. The aroma, from the intense, blue clusters, permeated the breeze of that spring afternoon. The vine's slim trunk and its long fingers, twisted as if in pain, clinging to the wall, were a dark maroon colour with occasional greyish white streaks. The wisteria flowers, glistening, delicate, and so fragrant, seemed to belong to another body. In springtime the plant had no leaves, only the vine, that always looked old, with its flowers and their perfume. On the brick wall they made a striking contrast of vivid blue against faded red. So striking you might not even see the trunk and branches and notice only the blue against the red, and the perfume. Other flowers sometimes blossomed; curiously, although they might change, the wisteria against the brick wall was always in bloom.

The room was dark. The door was closed, but not locked. Huddled on the floor behind the bed, clutching her knees, she was trying to disappear. She pushed some papers under the bed. In the other room the baby was crying. He came in and easily found her, "Honey, sweetheart …" He forced her to get up and sat her down on the bed, "Now look at those tears, no, no, don't cry," and he kissed her cheek, "Honey, baby." He put his arms around her cuddling her, clicking his tongue, calming her down. Then he moved her slightly away, "Look, oh look at your face…sweetheart…don't make me do it any more…if you just weren't so stubborn about your stuff, I wouldn't do it…look, look at your little face …" Now he was the one crying, moaning, pleading to be forgiven …"Don't make me do it any more, please…please…let's tear up those paintings…here, like this…you see, if you would just paint flowers it would be different…but you insist…"

He didn't see one of the paintings still under the bed. He took her to the bathroom and attempted to wash her face. The baby stopped crying. So did she. And he stopped moaning. Now she was the one wanting to wash the bit of blood off the knuckles of his right hand, "It's all my fault…please forgive me…I'll just paint

Siguieron días felices, otros no tanto. Los pedidos de perdón y la insistencia de no hacerlo nunca más crecieron tanto como el niño. Con el tiempo ella se hizo famosa en su pequeña ciudad por sus coloridas pinturas, siempre con flores muy vistosas.

Se encontraba con Pepita, una de sus mejores amigas, todos los martes por la tarde a tomar un té con "tonterías", como le llamaban a todo lo que comían gustosas. Bueno, quizás no todos los martes. Había algunos en que llamaba a Pepita por teléfono y cancelaba la cita. Las razones fueron, al principio, muy complicadas, con caídas de escaleras o tropezones a la entrada del edificio, o que un muchachito la había embestido con la bicicleta, etc. etc. Con los años, Isolina, había perdido el interés por inventar historias y sólo bastaba decir "hoy no puedo" para que Pepita entendiera. Quizás se hizo más difícil cuando su hijo llegó a la adolescencia y aprendió el juego de las recompensas a través de la amenaza y el temor. Isolina, que pintaba algunas veces en un cuarto a oscuras y otras en otro muy iluminado, se iba haciendo chiquita y no hacía ruido en la casa que ya, o quizás nunca, le había pertenecido. Una vez Pepita le comenzó a decir "tendrías que terminar con esto de...no deberías tolerar..." Isolina había abierto los ojos muy grandes y le había puesto punto final con la mirada. Pepita no insistió nunca más.

Sabiendo de donde venían, Isolina encontraba folletos dentro de libros o revistas, en la canasta de las frutas, con información sobre conductas muy horribles que nada tenían que ver con ella o con su familia. Rompía los folletos, mientras miraba para otra parte.

Cada vez que vendía uno de los cuadros volvía a la casa con cierta tristeza que nadie se explicaba. Como el día en que en la galería de arte le dieron una mención de honor por "Begonias" y ella casi no sonreía. Su esposo la llenaba de regalos e insistía en que debían celebrarlo y le apretaba el brazo con fuerza mandando un mensaje para que sonriera. Ella lo recibía y sonreía. Invitaron a mucha gente y conversaron con la facilidad y el deleite de los que no dicen nada y bebieron hasta tarde. Cuando todos se fueron y la casa quedó a oscuras porque se debía dormir, Isolina caminó con cuidado por el pasillo y fue al cuarto donde hacía su planchado. También servía de despensa donde guardaba mercadería que encontraba barata en los mercados. Sacó los canastos de mimbre que estaban sobre la mesa,

flowers"…"You promise?" he whimpered in his pampered way…"Yes, honey."

Then came happy days, but others not so. Scenes—pleading to be forgiven, promising not to do it again—grew as rapidly as did their son. As time passed, she became famous in the town for her colourful paintings, always of bright, showy flowers.

Every Tuesday she and her best friend, Pepita, would have "tea and nonsense," the nonsense being everything they ate with relish. Well, not every Tuesday. Sometimes she cancelled out. At first, giving complicated reasons, she fell on the steps, slipped on the sidewalk, a kid on a bicycle ran into her, and so on. But years passed and Isolina lost interest in inventing stories, and "I can't today" was enough for Pepita to understand. Maybe it was harder when her son became a teenager and learned to trade threats and fear for what he wanted. Whether she was painting in an unlit room or in a bright light, Isolina was becoming so small she scarcely made any noise when she moved about in that house which now, or perhaps never had, belonged to her. Once Pepita blurted out "you've got to stop…you shouldn't stand…"; Isolina's eyes flew wide open; her look added the final period. Pepita never mentioned it again. But Isolina would find pamphlets in a book or magazine or a fruit basket, horrible stories that had nothing to do with her or her family, and she could guess where they came from. She looked away as she tore them up.

Whenever she sold a painting, she would come home inexplicably sad. Like the day the art gallery awarded "Begonias" honourable mention, she barely smiled, while her husband showered her with gifts and was insisting they ought to celebrate, squeezing her arm, sending a message for her to smile, a message she would receive, and she did smile. They invited everyone to the house and all of them talked and chatted easily, as do people who have nothing to say, and they drank until it was late.

When the guests left and the house was dark, because everyone was supposed to be asleep, Isolina carefully made her way down the hall to the ironing room, which was also the pantry where she kept the sale goods she found at the market. She took the reed baskets off

sacó la madera dejando sólo el armazón de la mesa con las cuatro patas. Dio vuelta la tabla y allí, fijado por cuatro clavitos, había un lienzo pintado al óleo. Lo miró un rato, recordó las muchas pinturas que había terminado desde que había entrado en esta casa—y que luego, sistemáticamente, había destruido—que contaban una historia que debía guardar tan celosamente como guardaba su tristeza de los demás. Volvió a colocar la tabla que formaba la mesa, salió con cuidado, cerró la puerta y fue a su dormitorio.

Cuando hubo pintado las margaritas, decidió agregar caléndulas y fresias. Sobre las baldosas del patio había macetones con geranios rojos y no estaba segura de si poner o no una enredadera a la entrada de lo que se suponía debía ser la cocina. Antes de cerrar la caja con sus pinturas dio un último toquecito a la glicina que apenas se veía detrás de un naranjo. Sólo asomaban tres racimos azules y ella tocó una de las flores con el pincel, sin pintura, sólo por tocarla. Había aprendido de las flores esa levedad del gesto, la caricia y la ternura en el movimiento, el modo de alzar la cabeza, recogerse el pelo, poner la tabla de la mesa con delicadeza otra vez sobre las cuatro patas. Había visto su vida en los pétalos de azahares, jazmines, rosas y claveles. Sabía cómo el sol acariciaba y las sombras cobijaban. Recorría el patio de los cuadros siempre anclada en sus glicinas, para no perderse, para no confundir su lugar que a diario se desdibujaba. Ella volvía al perfume, a seguirse en los caminos del jardín, entre el pasto y las higueras, el rododendro y las prímulas. Sabía desde hacía mucho tiempo que debía salir, que este jardín no era el otro. Ella no entendía la violencia. Por eso se sentía mal hasta cuando una pintura no le salía como debía y tenía que retocarla, agregarle un color foráneo, una intrusión de amarillos en una violeta mal formada. No, no le gustaba hacerlo porque sabía que dolía, que la violeta nunca más se reconocería porque tendría heridas que no podría explicar y preferiría hundirse en el pasto del jardín y no asomarse con el único pétalo violeta. Hasta le parecía que algunas veces su pincel era como un zapato que pisara las flores. Claro que sabía que debía salir. Sólo que cómo explicar, cómo verse desde otra puerta sabiendo que todos hablarían, que el profesional admirado se salpicaría con barro como cuando se riega con fuerza en el jardín…por eso ella siempre destruía

the table and lifted the top, leaving just the four legs. She turned the board over, and there, held by four tacks, was an oil canvas. She looked at it for a long time, remembering the many paintings she had finished since coming to live in this house, paintings which later she had systematically destroyed, and which told a story she kept jealously guarded from others just as she had guarded her unhappiness. She put the board back into place, carefully closed the door, and went to her bedroom.

When she finished painting the daisies, she decided to add calendula and freesias. Large pots of red geraniums sat on the tiled patio; she was uncertain about putting a climbing jasmine at the entrance of what was likely the kitchen. Before closing the paint box she gave one last little dab to the wisteria barely visible behind an orange tree. Just three bunches of blue peeked out and she touched one of the flowers with the brush, without any paint, just to touch it. She had learned that light touch from the flowers, the caress and tenderness in movements, the way of tilting her head, gathering up her hair, gently placing the board on the table again upon the four legs. She had seen her life in the petals of the orange blossoms and jasmine, the roses and carnations. She knew how the sunshine caressed and the shadows sheltered. She would walk around the patio in all her pictures always anchored to her wisteria, to keep from losing herself and her space which was fading away daily. She would turn to the perfume, and follow herself along the garden paths, between the grass and the fig trees, the rhododendron and the primrose. She had known for a long time that she had to leave, that this garden wasn't the other one. She couldn't understand the violence. She was even unhappy when a painting didn't come out as it should and she had to retouch it, add a foreign colour, insert yellows into a poorly done violet. No, she didn't like to do that; she knew it was painful, that the violet would never recognize itself, because of its wounds which it couldn't explain, and that it would rather sink into the grass in the garden and not show itself with its single violet petal. She even thought that sometimes her paintbrush was like a shoe and trampled the flowers. Of course she knew she ought to leave. But how could she explain, how could she stand to

las pinturas de la historia, como él lo había hecho tantas veces hasta que ella aprendió. Cuando a veces se decía que quizás ella, por el sólo hecho de estar a mano lo había provocado...sabía que se mentía. Sabía que sólo había un paso entre su puerta y la otra. Pero, esta vez, como otras, volvió a sus comidas, a limpiar la casa, a preparar las camisas con un poquitín de almidón, y ya!

Quizás fuera porque la lluvia era finita y casi no hacía ruido sobre las hojas o quizás fuera porque se vio en el espejo y reconoció las señales del nunca acabar, o quizás porque sin querer llegara al cuarto que estaba a oscuras y supiera que podría ver las glicinas. Sacó del tercer estante de la alacena su caja de pinturas. Con seguridad encendió la luz sin importarle que fueran casi las tres de la mañana. Sacó los canastos que estaban sobre la mesa. Levantó la tabla y la dio vuelta. La colocó sobre el planchador, que era su atril, y lo miró como un encuentro. Su mirada era tan lenta que parecía que no sólo tocaba los colores sino que los ponía. Allí, una mujer rubia contra una pared de ladrillo. El cabello era espeso, en ondas, largo sobre la espalda, extremadamente artificial. Ella tomó el pincel y trabajó mucho tiempo cambiando no sólo el color del cabello, ahora castaño, sino también el largo y el estilo. Así. Ella. Así era ella. O mejor, así había sido ella. La mujer estaba obviamente corriendo y su expresión era de angustioso espanto. Los ojos agrandados por el terror, un brazo levantado para protegerse, el otro buscando algo para escapar, para escapar...Isolina le tocó la cara, besó la yema de su dedo y la aplicó a los labios de la otra que tenía ahora su cabello, el castaño original y algunas canas nuevas. Le tocó la mano de dedos crispados y delgados, sufrientes, de un marrón oscuro veteado con blanco grisáceo y le dijo "Hace mucho tiempo...ahora sí, es hora de salir". Con una destreza indescriptible, con una maestría de años, Isolina pintó una puerta en la pared de ladrillo para que la mujer encontrara algo para abrir y escapar. Y de pronto Isolina se encontró al otro lado, en el jardín, el sol de todas las primaveras pintadas tocándole la piel, sí, su piel, y se dejó acariciar por el descubrimiento de su fortaleza, de su resolución y saboreaba la certeza de una decisión final. Aspiró profundamente la vida nueva, otra vez, así, profundamente, y el olor de las glicinas le entró por la piel al centro del alma. Había esperado

be seen in another doorway knowing everyone would talk; the admired professional splattered with mud like when the hose is running full force to water the garden…that's why she always destroyed the paintings of her story, the way he had so many times, until she learned to do it. Even when telling herself sometimes that maybe, just because she was there, she had caused it…she knew she was lying. She knew there was only one step between her door and the other one. But, for now, as usual, she would go back to cooking, cleaning, dampening shirts with just a tiny bit of starch, and that was that!

Perhaps it was because the rain was a fine mist and touched the leaves making almost no sound or maybe because she saw herself in the mirror and recognized the never-ending signs, or because she simply arrived at the dark room unconsciously knowing she could see the wisteria there. She took her paint box from the third shelf of the cabinet. Confidently, she turned on the light without caring that it was almost three AM. She took the baskets off the table, lifted the top board and turned it over. She placed it on top of the ironing board, her easel, and it was as if she saw it for the first time. Her eyes gazed at it so steadily they seemed not only to touch the colours but to place them there. There, a woman against a brick wall, her blond hair thick and wavy, below her shoulders, totally artificial. She took the brush and worked for a long time to change not only the colour of the hair, chestnut now, but also the length and the style. There. Her. That was her. Or, rather, that's the way she used to be. The woman was obviously running and her expression was one of terrified anguish. Her eyes wide with terror, one arm up to protect herself, the other groping for something to help her escape…Isolina touched her face, kissed her own finger and placed it on the lips of the other woman who now possessed her hair, in its original chestnut colour, only with a few gray hairs. She touched the clenched hand, its delicate, tormented fingers, a dark maroon colour with occasional greyish white streaks, and she spoke to her, "It has been a long time…now, yes, it's time to leave." With astonishing skill, mastery from years of experience, Isolina painted a door in the brick wall so the woman could find a way to escape. And suddenly Isolina

tanto tiempo para vestirse de primavera. Daba vueltas y vueltas y tocaba las anémonas, clavelinas, jacintos y albahacas, nardos y azucenas, hibiscos, gardenias y amapolas, pensamientos, lirios, dalias y gladiolos, todas sus flores la recibían desde distintas estaciones. Las flores azules que siempre habían estado al otro lado del cuarto oscuro se apoyaban ahora en la puerta recién abierta y reían en racimos, se sacudían y exhalaban perfumes, celebrando. Isolina llamó a Pepita "es hora de ir al refugio, al del jardín de las glicinas", y cerró la puerta al cuarto oscuro.

discovered herself on the other side, in the garden, in the sun of all her painted springtimes, touching her skin, yes, her skin; and her newly found strength and resolve comforted her, as she savoured the certainty of a final decision. She breathed in her new life, deeply, again, like that, down deep, and the fragrance of the wisteria permeated her skin to reach the centre of her soul. She had waited so long to dress as springtime. Whirling and whirling around, she touched the anemones, the pinks, the hyacinths and orange blossoms, spikenard and lilies, hibiscus, gardenias, poppies, pansies, iris, dahlias, and gladiolus, all her flowers blooming from all seasons welcomed her. The blue flowers that had always been outside of the dark room were now resting on the newly opened door and clusters of them were shaking with laughter, exuding perfume, celebrating. Isolina phoned Pepita, "It's time to go to the shelter, to the wisteria garden," and she closed the door to the dark room.

Poemas de
En las noches que desvisten otras noches

I

Tengo estas palabras ahogándose
apretujadas en mi pecho
llenándome los ojos de imágenes y vidas

quisiera que las palabras resonaran como truenos
que resonaran como las cuerdas vitales
de una guitarra universal,
de la boca redonda abierta como un grito
ha de surgir el lamento la exigencia de vidas que no quieren morir

hay tantas vidas tanta vida
en todos esos nombres que nombro recordando
hay tantos rostros largos de pena penurias
de encierro de muerte
exhuberantes de triunfos de honor de alegría
y hay tanta gente que se olvida de todo.

La gente vive, y se va.
La gente lucha crece sufre ama goza, y se va.
La gente muere, y se va.

Estas palabras
rompiéndome el pecho
quieren celebrar vivir la vida en la vida viviendo.

Poems from
During Nights that Undress Other Nights

...I remember you

I

I have these words
suffocating, packed into my breast
pouring images and lives into my eyes

I want these words to resound like thunder
to resonate like vital strings on a universal guitar,
from the mouth rounded like a scream
to come the surge of lament
the demand of lives refusing to die

so many lives so much life
are in all these names I name remembering
so many faces drawn long by sufferings and sorrow
imprisonment and death
exuberant in victory in honour in joy
and so many people forget it all.

People live and go away.
People struggle grow suffer love enjoy and go away.
People die and go away.

These words
bursting my breast
want to celebrate life living being alive.

V

A Isabel, con respeto

Es la una de la tarde
de un día cualquiera
de un día que hace historia
de esa que nunca cuentan.

El sol pica hoy con la fuerza
de las balas
y no hay árbol que dé sombra
que me cubra
que me tape
que no mate

y los soldados se acercan
como una nube llena de sangre
sacudiendo, salpicando
y yo me encojo
en mi piel, en mis zapatos

y cuando miro mis manos
las veo llenas de sangre
y cuando miro mis piernas
las veo llenas de sangre

y aferro mi corazón con los dientes
para que no me lo quiten
y la sangre que me cubre
es la sangre de mis gritos

y a mi sangre se la llevan
los soldados
que cargan una nube llena de muertos.

V

It is one in the afternoon
of any day
of a day that makes history
of the kind never told.

Today's sun stings hard
with the force of bullets
and no tree will offer shade
will shelter me
will cover me
will not kill

and the soldiers are closing in
like a cloud full of blood
striking, splattering
and I shrink
into my skin, into my shoes

and when I look at my hands
I see them full of blood
and when I look at my legs
I see them full of blood

and I sink my teeth into my heart
so they won't take it from me
and the blood that covers me
is the blood of my screams

and they carry away my blood
the soldiers
who carry a cloud full of the dead.

IX

A Nenina, con respeto

Como por un túnel sin paredes
hecho de vértigo y de espanto
camino
miro las paredes de mi celda
que no pueden contener
la vertiginosidad del miedo
y apoyo la espalda
en la pared de mi silencio
y ahogo el llanto
en todos los llantos que me precedieron
y sé que no estoy sola
y hago del miedo una almohada
y descanso la cabeza el cuerpo el terror en la soledad la unión de todas.

IX

I walk
through a tunnel not of walls
but of vertigo and terror
I look at my cell walls
and see they cannot hold
the vertigo of the fear
and I rest my back
on the wall of my silence
and I drown the crying
in all the crying that came before me
and I know I'm not alone
and I make a pillow of the fear
and rest my head, my body, my terror
on the aloneness the togetherness of those women

XI

A Nenina, siempre

Tengo un lugar chiquitito
en mi corazón
donde guardo sonrisas pedacitos de sol
un gesto amable
una tambaleante confianza en la humanidad
y cien mil compañeras que luchan por la verdad
la justicia y el amor

la picana feroz
hurga mi cuerpo como una lengua de fuego
y sacude mi carne
arqueando mi ser en formas horribles

los gritos salen de mi boca herida
como pedradas sin sentido
.   chocan contra las paredes
y se revierten acribillando mis oídos,
siento los gritos como una lluvia de piedra
.   de una tormenta lejana
.   ahogada
como si no fueran míos

y busco ese lugar chiquitito
para reunir las fuerzas que ya se van
lugar chiquitito
inviolable
donde no llega la dentellada feroz de la picana
y entro en la bruma delirante
sabiendo que hay cien mil compañeras que me guardan.

XI

To Nenina, always

I have a small place in my heart
where I hold smiles
little patches of sun
a kindly gesture
a tottering trust in humanity
and one hundred thousand *compañeras*
who fight for the truth and justice and love

the brutal *picana*
like a tongue of fire prods my flesh
and jolts my body
arches my being into grotesque configurations

screams fly from my wounded mouth
like stones without sense
      they crash against the walls
ricochet and riddle my eardrums
I feel my screams like a shower of stones
      from a distant storm
      drowned out
as if they were not mine

and I search for that small place
to gather my retreating strength
a small place
an inviolate place
where the *picana*'s brutal bite will not reach
and as I enter the fog of delirium
I know one hundred thousand *compañeras* are holding me.

XIV

A Clarita, con ternura

En el otro cuarto
en el cuarto de enfrente
está ella, mi compañera
compañera C

cuando abrieron la puerta
vi sus ojos
redondos, llenos de sangre
paralizados en un grito que está resonando todavía
su boca abierta como un túnel reventado
compañera C

no el llanto
no el dolor de aquel día
recuerdo, compañera
recuerdo el gesto que hiciste con la mano
que se desplomó al instante
con tu mensaje triunfante ¡No hablé!
¡Compañera C!

Hoy
en las largas noches que desvisten otras noches
cuando mi mirada se fija en la palma de mi mano
como si fuera una pantalla donde viera
sucederse las imágenes y los días
veo tus ojos sangrantes
y con una ternura que no es sólo mía sino de todas nosotras
doblo los dedos
lentamente
delicadamente sobre la palma de la mano
y te abrazo en silencio
compañera Clara.

XIV

To Clarita, with tenderness

There across from me
in the opposite cell
my *compañera*,
compañera C

when they opened the door
I saw her eyes
rounded, full of blood
paralysed in a scream resounding still
her mouth like a tunnel blasted wide
compañera C

not the sobbing
not the sorrow of that day
do I remember, *compañera*
I remember the gesture you made with your hand
the moment before it fell
your sign of victory: I didn't talk!
Compañera C!

Today
during long nights that undress other nights
when I gaze upon the palm of my hand
as upon a screen showing images and days
I see your bleeding eyes
and with a tenderness
not only mine but of all women
I fold my fingers over the palm of my hand
and slowly
gently
silently I embrace you
compañera Clara.

XX

A Albertina, con respeto

Las sirenas rayaban las calles
tratando de apresar el miedo.

Soslayando el paredón
uniendo sus dedos a las grietas
pegó su sombra a la noche.
Buscó en su memoria al amigo
y no pudo encontrar su rostro.
Con la boca abierta y los ojos cerrados
descansó su cuerpo fatigado
en el tronco de un árbol.

Los pasos presurosos inquisitivos preguntones
cerraban en círculos
su destino de perseguida.

No supo cuándo ni de dónde
partió la salva de esampidos
que mutiló
su pregunta
sobre el por qué de la persecución
el por qué el pensar en la libertad y en la justicia
se convirtió en un crimen ametrallable

¿Qué quiere decir, ¡por Dios!, subversivo?
¿Por qué yo? ¿Por qué todos?
¿Por qué?

Y así ayer hoy mañana anoche esta noche
las sirenas rayaron rayan rayarán las calles
tratando de apresar apresar apresar...
los pasos presurosos inquisitivos preguntones
cerraban cerrarán en círculos
otro destino otro dolor las misma preguntas.

XX

To Albertina, with respect

The sirens strafed the streets
trying to capture fear.

Sliding along the wall
slipping her fingers into the cracks
she glued her shadow to the night.
She searched her memory for her friend
and couldn't find his face.
Her mouth hung open and her eyes closed
as she rested her tired body
against the tree.

Hurried inquisitive interrogating steps
drew the circle tight
around her fate as a fugitive

She didn't know when or from where
the salvo of explosions came
that mutilated
her question
the reason for the persecution
the reason why thinking about freedom and justice
became a crime punished with arms.

My God, what do you mean, subversive?
Why me? Why everyone?
Why?

And so yesterday today tomorrow last night
the sirens strafed, were strafing, strafe, will strafe the streets
trying to capture to capture…
the hurried inquisitive questioning steps
tightened will tighten the circles
around another fate another pain the same questions.

—

Estos poemas son para la paz.
Hay cosas que pasaron, pasan ¡que no deben pasar nunca más!

—

These are poems for peace.
Things happened, do happen that should not happen ever again!

Francisca, sin techo

I   Sola mucho tiempo

Calle desfondada.
La basura encarnizada en controlar
el olor de los escombros.
La vieja ha visto crecer la aspereza
de las noches. Cubre su cabeza apenas
ante la inmediata aridez de las miradas.
Ha estado sola mucho tiempo
en el desgastado gesto de la mano.

Para las noches que cortan
con agudeza de latón dentado
guarda un atadito de sueños
que desafía la hosquedad del filo.

Las mañanas caen como una piedra funeral.

II   Desheredada

Te absorbieron en las lejanas ciudades
y te arrojaron a la calle donde se amordaza la luz.
No escucharon tu canto de sudor vencido.

Sobre tu noche hiere
el galope de la luna.

Como el ala de un ave muerta bajo el agua
te cobijan cartones y latas y esperanzas.

Duermes el sueño estupefacto
de la que atisba la verdad desnuda
tiernamente apagada en el brillo del pasar.

Francisca, Homeless

I Long Alone

An endless street.
The garbage, a guardian
controlling odours of scraps.
An old woman watches the nights
grow in bitterness.
Long alone, her hand in a timeworn gesture,
she barely shelters her head
from the close, sterile glances,

Against the nights that cut with the keenness
of serrated metal, she clutches
a tight, little bundle of dreams that defy
the surliness of the jagged edge.

Mornings fall like a burial stone.

II Disinherited

They absorbed you in the distant cities,
They threw you into the street, muzzled by the light.
They wouldn't hear your song of failed sweat.

The moon inflicts a wound
as it gallops across your night.

Like a dead bird's wing sinking under water,
your shelter of cardboard, tin and hope.

You sleep the bewildered dream
of one who glimpses the naked truth,
its gleam tenderly faded in passing.

Han sido muchos días imitando el palpitar
de la caridad asfixiante de la calle.

Desheredada de techos y rumores de polvo
acaso duermas,
con toda certeza ya no sueñas.

III   Está frío

Está frío aquí.
Dicen que el sol está muy lejos
que recorre las playas, vagabundo,
embriagado de cuerpos bronceados y brillantes.

Está frío aquí, donde la noche es larga
aún en el confiado mediodía.

Ella acomoda su cuerpo viejo
como los labios que besaran la pared.
Arrebujada en su suerte que no abriga
se arrima al mármol del portal.

Cautelosamente se desliza la espuma
a la orilla de su sueño
y muerde callada la soledad que grita.

Alguien escucha al pasar
una canción de cuna que murmura al hambre.

La mujer anochece al crujir su frente
a la luz transitoria de una piedad en sombras.

Many are the days that imitate the heartbeat
of the suffocating charity in the street.

Disinherited by roofs dishevelled in dust,
perhaps you may sleep.
Surely you no longer dream.

III   It Feels Cold

It feels cold here.
They say the distant sun
wanders beaches, a vagabond
entranced by tanned, shiny bodies.

It feels cold here. The night is long,
even at trusted midday.

Settling her old body
like lips kissing the wall,
wrapped in her fate of no warmth,
she leans against the portal marble.

The foamy edge of her dream
stealthily slips away
and nibbles silently at her screaming loneliness.

Someone in passing hears
a lullaby muttering at hunger.

The woman darkens as she wrinkles her brow trying to see
the brief light of a compassion obscured by shadows.

IV   Derecho peatonal

Tambaleando
encorvada
zapatos grandes, sobretodo largo,
un bastón fabricado de un cajón de manzanas
y una bolsa de basura al hombro
cruza la calle
perforada por bocinazos impacientes.

Alguien le grita ¡puta!
como si fuera un pasaje a la victoria.

Francisca mira la vida en desorden
y respira por costumbre.

Difícil surcar la vía láctea
sin siquiera dientes postizos.

Al llegar al otro lado
está en el mismo.
Borra la tarde, o la vida,
cerrando los ojos
y retorna al vasto mar que da a lo lejos.

IV   Pedestrian Right-of-Way

Stumbling,
stoop-shouldered,
shoes too big, overcoat too long,
a walking stick from an apple crate,
a sack of trash over her shoulder,
riddled by impatient horns honking,
she crosses the street.

Someone yells "Bitch!"
like a ticket to victory.

Francisca looks at life's disarray,
and breathes out of habit.

Difficult cutting through the Milky Way
without even false teeth.

Reaching the other side
is all the same.
Closing her eyes
she erases her afternoon, her life,
and returns to the vast sea in the distance.

A Ña María, con cariño

que vengan todas a verla —que ya está aquí
que vengan a celebrar —que ya está aquí

ha llegado sola y solita
camina que te camina
largos senderos de lunas
y soles que se le olvidan

que vengan todas a verla —que ya está aquí
que vengan a celebrar —que ya está aquí

cara de lago dormido
ojos de nube estirada
pelo trenzado sin cinta
pies desnudos sin sandalias

que vengan todas a verla —que ya está aquí
que vengan a celebrar —que ya está aquí

cuerpo cubierto de mantas
de alegres colores que tapan
tristeza de flauta andina
minas de plata sin pan

que vengan todas a verla —que ya está aquí
que vengan a celebrar —que ya está aquí

mujer que anda y andaba
por años y soledades
buscando el lugar y el tiempo
de su voz acumulada

¡decirle que ya ha llegado —que ya está aquí!
¡decirle que la escuchamos —que ya llegó! que ya llegó!

To María, with Affection

come women come see her   —she's finally here
come and let's celebrate   —she's finally here

she's so alone, come all alone
forever walking walking
lengthy trails of forgotten
moons and suns

come women come see her   —she's finally here
come and let's celebrate   —she's finally here

her face of a lagoon asleep
her eyes of a cloud stretched thin
her braided hair with no ribbon
her feet bare with no sandals

come women to see her   —she's finally here
come and let's celebrate   —she's finally here

body wrapped in blankets
gayest colours that cover
sad tones of an Andean flute
silver mines without bread

come women come see her   —for she's finally here
come and let's celebrate   —she's finally here

woman who walks and who walked
through years and through solitudes
searching for a place and time
for all her voices

tell her she's finally arrived   —for she's finally here!
tell her we're listening to her   —she finally arrived!
                                    she finally arrived!

La doncella de fuego

Cuando vinieron las olas montadas sobre los peces de plata
 —peces de hielo que giran en las luces negras—
salió el monte vestido con su máscara de palo
 —máscara de labios que gimen en los caminos—
y se derramó el fuego pulsando su danza de agua
 —danza de alas que crepitan en las honduras—

Fue la noche de cataclismos retumbantes en la serpiente de largos dientes.
Fue la noche de lunas errantes en la germinación de los siglos,
la noche de sueños profundos en la prístina edad del diluvio.

Y hubo un largo silencio sin trueno que azotara la tierra
y hubo un silencio arduo que talló palabras en las piedras.

En la colina de plumas turquesas se alzó el canto florido
aunando las ancianas que venían de la tierra-en-que-todos-son,
aquella donde se forma el Fuego-Bueno que no quema y ama.

Las de los brazos como ríos arrollaban las llamas en palitos de sauce
y agasajaban la abundancia de chispas que navegaban como canoas.

Las ancianas hicieron una hija de lluvia y resplandor de bronce
con flores frescas de girasol y dulces frutos de la isla,
y ahora ella agitando las sonajas pone nombres y teje memorias
en los huecos, en las corolas y en las cosas que se mueven.

Los timbales de tortuga sacuden sonidos de obsidiana
y hacen aros de música ataviando amaneceres de colibrí
para que en la mansión de las cataratas con portal de jade
la habite como una lengua de brasa un ave con ojos de rubí
y la hija abra su carne inaugurando el comienzo de la historia.

The Fire Damsel

With the crashing of waves mounting the fishes of silver
    —ice fishes that swirl in the black lights—
the wilderness appeared in its mask made of wood
    —mask with lips that moan along the pathways—
and poured forth the fire pulsing its dance of water
    —a dance of wings that chirr in the deeps—

It was the night of cataclysms thundering in the serpent with long teeth.
It was the night of moons wandering through germinating centuries,
the night of deep dreams in the pristine age of the flood.

And there was a long silence with no thunder whipping the land
and there was an arduous silence that carved out words on the stones.

On the hill with feathers of turquoise arose the flower chant
bringing together the ancient women from the land-where-everyone-is,
the birthplace of Benevolent-Fire that doesn't burn, only loves.

Those with arms like rivers rolled the flames onto willow branches
and welcomed the abundance of sparks that they steered like canoes.

The ancient women made a daughter of rain and a splendour of bronze
with the fresh sunflowers and the sweet fruits of the island
and now she, shaking her rattle, is setting names and knitting memories
in the hollows, in the corollas and in the things that move about.

The kettledrums of tortoise are beating sounds of obsidian,
making rings of music, adorning dawns with hummingbirds,
so in the mansion of the waterfalls with its portal of jade
like a tongue of hot coals, will dwell a bird, its eyes of ruby,
and the daughter will open her flesh and initiate the beginning of history.

Del lugar sediento donde se yergue la perla roja figurando colmenas
brotó el niño que ella mece entre fragantes flores.

Donde perduran rumores de esmeralda que agasajan aromas de rocío
la doncella irradia llamas dulces cuajando raíces en el hijo del sol.

Adornada con ricas hojas transparentes de rojo carmesí
en fuego se mudó la doncella que mece al niño entre fragantes flores.
En Fuego-Bueno, el que entibia la leche y arde en amores.

Y hubo alegría en la región de las esperanzas como piedras preciosas
donde se ama la gente alabando la abundancia de los bosques verdecientes.

From the thirsty place where the red pearl rises proudly designing honeycombs
burst forth her son whom she's rocking amidst the fragrant flowers.
Where memories of emerald linger celebrating aromas of dew
the damsel glows in sweet flames congealing roots in the child of the sun.

Adorned with rich transparent leaves of crimson red
into fire the damsel turned, as she rocks the boy amidst fragrant flowers.
Into Benevolent-Fire, one that warms the milk and burns with loves.

And there was joy like precious stones in the region of hopes
where people share their love in praising the bounty of greening forests.

Belinda, octogenaria

Pequeña como el cantar del grillo
Belinda ha prohibido
el destierro de su cuerpo.

A veces los pasos vacilan
justo en el primer escalón
como una canción que quisiera recordar
y tarareara
para encontrar la melodía.
Y vuelve a intentar y en el segundo
encuentra el ritmo
y ya al tercero recupera la canción.

Belinda, faro vivo,
barre la ciudad con su mirada
desde el balcón conquistado.

Belinda, Octogenarian

Tiny, like a cricket's song,
Belinda won't allow
the exile of her body.

At times her feet falter,
just at the bottom step,
like a tune she would like to recall
and might hum,
looking for the melody.
And once again she tries, and the second time she
discovers the rhythm
and by the third she regains the song.

Belinda, a lively beacon,
sweeps the city with her eyes
from her conquered balcony.

Tango

Música atrevida
se acomoda en las pinturas, roza las paredes,
se desliza por la raya oscura
de la esquina
saborea la luz desvanecida
caída en los reflejos de los vasos,
lame los dedos que los levantan
y la bebe hasta el fondo.

Metida en los labios se deja
tararear.
Humedecida por la lengua
se pega al aliento
se despereza en la garganta,
allí, sedosa, la oscuridad la alude en los ecos
y se enrosca en las cuerdas, subiendo y bajando,
frotándolas hasta que gimen su sonido.

Música atrevida, oliendo a café, a trago y medianoche
cosquilleando el estómago
penetra honduras cálidas que jadean al compás.

Toda adentro excita, crece,
se expande
quisiera brotar desde donde todos bailan
conscientes de temblores,
y al compás de sí misma, desdoblarse.

Música atrevida, llenándome
de esta pasión   pasiva
anegándome
con presencia de riesgos silenciosos.

Tango

Audacious music
nestles in the paintings, grazes the walls,
slips around the corner's
shadowy line
savours the fainting light
falling upon reflections on the glasses,
licks the fingers that lift them
and drinks in the light.

She surrenders between the lips,
to be hummed.
Moistened by the tongue
adhering to the breath
vibrant in the throat,
there, silky, in the suggestive echoes of the darkness,
she curls around the strings, rising and falling,
rubbing them until they moan her sound.

Audacious music, with aromas of coffee and drinks and midnight
teasing the stomach,
invading warm depths that pant to the beat.

    All the music is growing, in excitation,
    expanding,
    wanting to emerge from everyone dancing,
    conscious of tremors, in rhythm with herself
    wanting to unfold to her own beat.

Audacious music, pouring this passion
into me   now docile
drowning me
in a presence of silent risks.

Malena, en el patio de luna llena

Deletreo nombres
en las sucesivas líneas
que van abarcando mi rostro
    impasible en su devenir.
Casi a la orilla
de mi propia conciencia
como un suburbio de mí misma
un bailar de luna lenta,
pasos furtivos, gambetas y cortadas
escalando o descendiendo,
sin tregua desnudando   la edad
toda abrazada a mi cuerpo.

Las arrugas respiran hondo.
La que salió no es la que vuelve.
Un nuevo espacio se abre hacia la pampa.
Me llevo el rostro envejecido
como un vestido nuevo
a estrenar el horizonte
lejos del patio y de los tangos.

Malena, on the Patio of a Full Moon

I spell out names
on the multiple lines
that encompass my face
           placid in its transformation.
Almost on the border
of my own consciousness
like a suburb of myself
the dancing of a slow moon,
furtive steps, passes and cuts
rising or dipping,
without respite stripping away   age
clasped so tightly to my body.

The wrinkles breathe in deeply.
The woman who left is not the woman who returns.
A new open space spreads toward the pampa.
I wear my aged face
like a brand-new dress
for the first time to test the horizon
far from the patio and the tangos.

Marietta, en el Angelus

Marietta escuchó la primera campanada. El sonido recorrió su cuerpo despertando, con las vibraciones, un calor hondo. Se estremeció. Tomó la pañoleta que colgaba junto al espejo, se cubrió la cabeza y salió apresuradamente. Caminó pretendiendo hacer ver que no corría. Su falda golpeaba el borde de los zapatos. El camino de tierra hasta el primer olivar. De allí tomaría la senda de las cabras hasta cruzar el monte. El murmullo del río se mezclaba con el sonido de las campanas. Llegó casi siguiendo el perfume de violetas que cubría la ribera del río. La luz del atardecer era suave, quieta, aprestándose a asentarse sobre la tierra, pero todavía suspendida por las campanadas atadas a las nubes que comenzaban a deshacerse. La última campanada. Le quitó el aliento por un momento. Era el vértigo de la espera. El éxtasis. La voz delicada, ansiosamente esperada, le llegó como una caricia, le tocó el cuello y un aliento le entibió la nuca cuando ella reclinó la cabeza. La voz subía, atándose a las ramas, a las flores, a los árboles que recogían esa parte de la ribera de la vista de la gente. La voz descendía hasta el pecho semidescubierto, la garganta expuesta, donde palpitaba la vena delatora. Ella, sentada sobre la hierba, se dejaba recostar por la voz que la abrazaba. Marietta sentía el peso y el calor de la tarde, el perfume embriagador de las violetas, la ternura de la voz. Se dejaba poseer. Se entregaba con pasión a la caricia. Cerraba los ojos y se olvidaba de todo. Excepto de su cuerpo, y de la voz. Penetrante. Cada sonido un beso, cada beso un empuje hacia el centro de sí misma. Marietta se ponía la mano sobre el pecho para aquietar los latidos que le parecía que resonaban más fuerte que la voz y sentía el cuerpo de él. Y luego, la voz alejándose. La noche llegaría pronto. Marietta se ponía de pie, arreglaba su ropa y miraba alrededor asegurándose de su soledad y rápidamente retomaba el camino hacia su casa.

A la entrada del pueblo siempre había alguien que la miraba en silencio, un niño, una mujer de pañoleta negra, un hombre que se detenía un momento y luego seguía su camino, un perro que no ladraba…Marietta sabía lo que pensaban. No le importaba. Pero sufría. Quiso sonreir y no pudo. Tres casas más y llegaría a la suya.

Marietta, At the Angelus

Marietta heard the first toll of the *Angelus* bells. The sound stirring in her body awakened a deep warmth. She shivered. She took the scarf that was hanging by the mirror, covered her head and quickly left. She took deliberate steps in her attempt to make it obvious that she wasn't in a hurry. Her skirt rebounded from the tops of her shoes. The dirt path to the first olive grove. From there the goat trail across the backwoods. Sounds of a murmuring brook blended with the tolling of the bells. As if being drawn by the perfume of the violets covering the riverbank, she reached the spot. The soft, tranquil light of the declining afternoon was held in suspension by the tolling of the bells borne in the dispersing clouds. The last toll left her breathless, light-headed, expectant. Ecstatic. The gentle voice, so anxiously awaited, caressed her, touched her throat softly, and a breath warmed her neck as she bowed her head. The voice soared higher, binding itself to the branches and flowers and trees that sheltered this part of the riverbank from people's view. The voice lowered to her partially revealed breast, the open throat where the vein of betrayal was pulsing. As she sat on the grass, the voice embracing her enticed her to lie down. Marietta felt the heaviness and the warmth of the afternoon, the inebriating perfume of the violets, the tenderness of the voice. She let herself be possessed. Gave herself passionately to the caress. Closed her eyes and forgot everything. Except her body and the voice. Intensely intimate. Every tone a kiss, every kiss a motion toward her innermost self. Marietta placed her hand on her breast to quiet the strong heartbeat that was overriding the voice, and she felt the weight of his body.

And then, the voice fading away. The coming of nightfall. Marietta, getting up, would arrange her clothes and look around, to be certain she was alone, and then quickly retrace her steps home.

Whenever she entered the town there was always someone looking at her in silence, a child, a woman with a black scarf, a man who stopped a moment and then continued along his path, a dog that didn't bark. Marietta knew what they were thinking. It didn't matter. Yet it was painful. She tried to smile and couldn't. Three more houses and she would be home.

Antes de salir había dejado la cena preparada. Su marido llegaría en veinte minutos o así. Todo estaría en orden: el mantel blanco sobre la mesa que él había hecho hacía mucho tiempo; las flores que ella había recogido en el jardín, porque sabía que a él le gustaba saberse esperado y las flores habían sido un modo de expresar las horas de su ausencia y la alegría de su retorno. Los platos fuertes, duros, de marrón cobrizo, la jarra azul y la tabla para el pan. El olor de la comida llenaba la cocina. El olor de la comida también tenía una solidez familiar. Marieta se miró en el espejo y se quitó apresuradamente unas briznas de pasto que tenía en el cabello. Se lo recogió con un moño negro, se miró atentamente otra vez, humedeció los labios secos y se dio vuelta para sonreír a su marido que entraba en ese momento. Figura sólida enmarcada en la puerta. Pantalones de pana gris, camisa oscura, las mangas arremangadas casi a la altura del codo. Cabello gris y abundante. Colgó la gorra junto al espejo y la saludó casi sin mirarla. Cenaron en silencio. Sólo una vez, al alcanzarle el pan, Marietta rozó la mano del hombre. El sintió el roce, la miró rápidamente y una sonrisa apareció en su rostro. Ella le devolvió la sonrisa y retiró la mano.

Mucho más tarde, cuando los ruidos de la cocina habían disminuido, ella dijo, al pasar a su lado, me iré a la cama. Cuando llegó a la puerta se volvió y lo miró con una sonrisa que parecía pertenecer a otro rostro, luego cerró la puerta tras de sí. Allí corrió a abrir la ventana y recibió el perfume de la noche, la brisa que ondulaba las cortinas y suspiró largamente. Luego preparó la cama para la noche: quitó el cobertor, hizo con cuidado un triángulo que formaba al doblar la sábana y dejar descubierta la almohada y parte de la cama. El ritual de las noches. Encendió el velador en cuya pantalla había pegado hojas y flores secas, especialmente violetas.

En el pueblo se comentaba que Marietta tenía un amante. Lo describían joven, fuerte, buen mozo, aunque nadie lo hubiera encontrado en su camino. Decían que venía de otro pueblo, pero nunca se había podido saber ni su nombre ni el del pueblo. Las mujeres jóvenes la miraban con recelo, las mayores, algunas con envidia otras con desprecio.Todo había comenzado hacía muy poco, después de haber llegado al pueblo al comienzo de la primavera. Su marido todavía trabajaba en el pueblo vecino, de donde habían

Before leaving the house she had prepared supper. Her husband would arrive in twenty minutes or so. Everything was in order: the white cloth on the table he had made a long time before; the flowers she had picked in the garden, because she knew he liked to feel someone was waiting for him, and the flowers were a way of expressing the hours of his absence and the happiness at his return. The strong, hard plates of a copper toned maroon, the blue pitcher, and the breadboard. Dinner smells filled the kitchen. The odours carried a sense of solid familiarity. Marietta looked in the mirror and quickly brushed off some blades of grass from her hair that she was now gathering into a black knot. She looked carefully at herself again, dampened her dry lips and turned to smile at her husband just as he entered. A solid figure framed by the doorway. Trousers of gray cloth, a dark shirt, the sleeves rolled up almost to the elbows. Abundant, gray, hair. He hung the cap beside the mirror and greeted her almost without looking at her. They ate in silence. Only once, when handing him the bread, Marietta brushed the man's hand. He felt the touch, glanced at her, and a smile spread across his face. She returned the smile and withdrew her hand.

Much later, when the kitchen noises had quieted down, she said offhandedly, "I'm going to bed." When she reached the door she turned and looked at him with a smile that seemed to belong to another face, then she closed the door behind her. Once inside she ran to open the window, to drink in the fragrance of the evening from the breeze that waved the curtains, and she gave a deep sigh. Then she prepared the bed for the night: she removed the coverlet, and carefully formed a triangle with the doubled sheet, leaving the pillow and part of the bed open. The ritual of every night. She lighted a lamp, the one with the shade she had covered with dry leaves and flowers, particularly violets.

In town, people were saying that Marietta had a lover. They would describe him as young and strong, a handsome man, although no one had actually run into him on the road. They said he came from another town, but no one had been able to find out his name or what town. Young women would look at her suspiciously, and the older ones, some enviously and others scornfully. It had all started shortly before, just after they moved to the town in early spring. Her

venido. Esperaban que pronto encontraría trabajo en este nuevo. Los dos hijos mayores habían ido hacia la costa, esperando encontrar aventuras o un destino distinto. La hija menor, la única mujer entre los hijos, había ido a una gran ciudad hacía dos años. Mandaba cartas con buenas noticias: trabajaba y estaba aprendiendo un oficio. Tenía esperanza de encontrar un buen lugar para ella. Les había prometido llevarlos a la ciudad, pero Marietta y su marido preferían la vida del pueblo.

Cuando aquel día el comienzo del atardecer se anunciaba en el gorjeo aquietado de los pájaros, en el dulce olor de la tierra caliente recibiendo las primeras brisas frescas de la noche, Marietta se acicalaba por dentro con pensamientos espléndidos de ternura y amor. Una suavidad intoxicante la comenzaba a llenar y cada fibra de su cuerpo respondía a un secreto. El espejo la vió al pasar: unos ojos vivaces, negros en la piel aceitunada. La boca grande, labios bien formados y el cabello largo, suelto, estriado con canas que brillaban sin excusas. El cuerpo lleno, de huesos grandes, no desdibujaba las curvas de la cintura ni la amplitud de las caderas. Marietta se detuvo y mirándose casi de perfil, alzó el hombro izquierdo hacia el mentón, con un gesto de "aquí estoy" y sonrió con esa sonrisa que no escondía nada. Las campanas no habían comenzado a sonar. Tenía tiempo de andar sosegadamente por el sendero. Pasó la panadería y la verdulería que estarían abiertas hasta tarde, saludó con la cabeza a unos pocos que entraban en el bar después de la jornada en el campo y siguió, consciente de que arrastraba con ella miradas acusadoras, sonrisas cómplices o de burla. Eso era lo único que la desasosegaba: sonrisas de burla. Pensó que pronto, lamentablemente, terminarían. Ya no habría más causa para burlarse. Y ella sentía la pérdida de algo tan especial.

Algunos que la habían seguido en estos atardeceres decían que Marietta se allegaba al borde del río, tocaba el agua, suponían que para refrescarse y que luego algunas veces se sentaba en la hierba, se abrazaba las rodillas y con un movimiento delicado, se mecía rítmicamente, esperando. Otras, daba vueltas y vueltas, haciendo girar la falda larga y abriendo los brazos de par en par, sonriendo, quizás al ver al amante, decían. Otras tardes se dejaba caer de espaldas a la hierba y permanecía así hasta que se levantaba y se iba.

husband still worked in the neighbouring village, where they had come from. They hoped he would soon find work in this new one. Their two sons had gone to the coast, hoping for adventure or a different destiny. Their youngest, the only female of the children, had moved to a large city two years before. Her letters brought good news: she was working and learning a profession, she hoped to find a good position, she promised to bring them to the city. But Marietta and her husband preferred country life.

On that day, when the warbling of the birds quieted down and the sweet fragrance of the hot countryside received the first fresh breezes of the evening, thus to announce the beginning of nightfall, Marietta gleamed with inner thoughts of tenderness and love, and an intoxicating softness filled her body; every fibre was responding to a deep secret. The mirror saw her walking by: her lively eyes, black against her olive skin, her full lips and large mouth, her long hair hanging loose and unabashedly streaked with gray strands. Her well-developed, large-boned body didn't disclaim the curves at the waist or the plumpness of the hips. Marietta stopped and looking at herself almost in profile, lifted her left shoulder to her chin, with a gesture of "here I am" and smiled with that smile that hid nothing. The bells hadn't begun to toll. She had time to walk leisurely down the path. She passed the bread store and the vegetable stand that were open until late, nodded to a few clients going into the bar after a day's work in the fields, and continued, conscious that accusing glances and smiles of complicity and ridicule were dragging behind her. It was the only thing that made her uncomfortable: those smiles of derision. She knew that soon, lamentably so, that would end. There would no longer be a reason to mock her. And she felt the loss of something very special.

Some who had followed her on those afternoons said Marietta would reach the edge of the river, touch the water, supposedly in order to freshen up, and then sometimes she sat down on the grass, hugged her knees and rocked very gently, swaying back and forth, waiting. On other occasions, she would whirl and whirl around, making her long skirt swirl about, and open her arms wide, smiling— perhaps seeing her lover—they would say. Other afternoons she would fall back on the grass and stay there until she got up to leave.

Como no veían al joven pensaban que era porque él había descubierto que alguien los estaba espiando. Decían que no había más que silencio en esas tardes: no había voces, ni conversaciones interrrumpidas ni gritos de pasión. Simplemente, decidían, no pasaba nada porque sabían que alguien los estaba mirando. Pensaban en el pobre marido, algunas veces con sorna, otras con piedad, siempre con lástima, trabajando en otro pueblo, mientras su mujer...

La gente del pueblo pensaba que pronto habría una tragedia, cuando alguien se cansara de ser cómplice de Marietta y le dijera la verdad al marido. El parecía fuerte y decidido y el pueblo, al recibirlos, había pensado que eran una pareja muy buena, muy sana y sobre todo, muy alegre. Siempre se los veía juntos. Pero uno nunca sabe, nadie conoce a la gente en realidad, sólo se puede formar opiniones...

Marietta había llegado al olivar. La primera campanada abrió el sendero a sus pies. Sus ojos se iluminaron, y las manos arreglaron la pañoleta con ansiedad. Se mojó los labios, levantó la cabeza y con paso decidido se adentró en la arboleda. El río parecía una sonrisa en su quietud de cristal. Las violetas alzaron su cuerpo y perfumaron la tarde. Marietta encontró el tronco seco donde le gustaba sentarse, acomodó la falda verde oscuro hasta darle al tronco apariencia de primavera; dejó la pañoleta a sus pies y se desabrochó un poco la blusa blanca sintiendo que quería respirar más libremente después de la agitación de la caminata. Los años no hacían estas escapadas muy fáciles. Pero esta sería la última tarde, todo esto terminaría, y miró las suaves colinas, los árboles con hojas frescas moviéndose como plumas contra el cielo..., ya no sería igual. Contó las campanadas y cuando llegó la última, contuvo el aliento. Se cubrió el rostro con el pañuelo blanco. La voz llegó como un beso a sus ojos cerrados. Las pestañas quisieron moverse y algo se lo impedía: era el calor de la boca de donde salía esa voz que la cautivaba. La sintió en sus mejillas como los besos largos que ella conocía, y luego en sus labios, donde la voz aleteaba como paloma. Su cuello se estiraba hacia atrás permitiendo que el temblor que la recorría se apoyara en sus pechos con tanta ternura como el contacto de otra piel y así la voz recorría su cuerpo, con el peso de una carne enardecida, hasta besarle los pies, que siempre encogía con la sorpresa de la cosquilla. Cuando abrió los

Since they didn't see the young man, they supposed it was because he had discovered that someone was spying on them. They would describe the silence on those afternoons: there were no voices, no interrupted conversations, or passionate sounds. They decided that nothing happened simply because the lovers had guessed that someone was watching. They thought about the poor husband, sometimes sarcastically, sometimes commiserating with him, always pitying him—working in another town, while his wife…

The townspeople thought that there would soon be a tragedy, when someone got tired of being Marietta's accomplice and told her husband the truth. He seemed strong and sturdy, and when they first moved there, the town thought they were an excellent couple, very wholesome and above all, very happy. They always saw them together. But one never knows, no one has any real knowledge of people, just an opinion…

Marietta had reached the olive trees. At the first toll of the bells the path opened at her feet. Her eyes lighted up, and her hands arranged her shawl anxiously. She moistened her lips, lifted her head and with a decisive step walked into the grove. The river seemed to be smiling with crystal tranquillity. The violets stood tall and perfumed the afternoon. Marietta found the dry trunk where she liked to sit, and she arranged her green skirt until the trunk took on the look of spring: she left the shawl at her feet and unbuttoned the white blouse a bit, feeling that she wanted to breathe more freely after the exertion of the walk. The years didn't make these escapades very easy. But this would be the last afternoon, all this would end, and she looked at the gentle hills, the trees and their fresh leaves swaying like feathers against the sky…it wouldn't be the same. She counted the bells and with the last toll, she held her breath. She covered her face with the white handkerchief. The voice came, like a kiss on her closed eyes. Her eyelashes tried to move but something prevented it: it was the warmth of the mouth where the voice that captivated her came from. She felt it on her cheeks like the long, familiar kisses, and then on her lips, where the voice fluttered like a dove. Her neck was stretched backwards letting the tingling run through her body and rest tenderly upon her breasts, as if touching another skin, and so the voice covered her body, with the weight of ardent flesh, until

ojos los colores en los árboles se estaban acomodando en las sombras. La voz repetía *Angelus Domine*…y la penetraba dejándole su amor en la caricia. Ella traía una y otra vez la imagen de esa voz, el cuerpo tenso, preparado para el abrazo que siempre había encarnado su amor. Sus manos habían recorrido tantas veces todos los caminos de la voz. Lo amaba. Hondamente y sin vergüenza. Se ruborizó de pronto recordando algo y para distraerse, fijó el pensamiento en las violetas y las saboreó en silencio. Extrañaría estas tardes, aunque no las noches. Marietta siempre había querido cantar, pero no podía, por eso con los brazos y con las manos dibujaba palabras en el aire y las agitaba con su pañuelo blanco para que tomaran vuelo y fueran a encontrarse con las del Angelus y se amaran en la luz. El atardecer encendía el rojo y el azul lo penetraba creando el violeta libre, único, inseparable.

Suspiró y besó el aire. Esa tarde especial sus pasos eran lentos, pensativos, como despedidas en el polvo, en la sombra de los árboles, en el aire que tendría para siempre el Angelus en su vientre. Esa noche no había dejado preparada la cena. Volvería su marido y sólo habría flores en la mesa. Así lo había querido. Siempre hay un instante que es el último y se necesita reconocerlo, celebrarlo o lamentarlo. Hoy eran las dos cosas.

Su marido no golpeó la puerta antes de entrar. Siempre lo había hecho, para no sorprenderla, para advertirle que era él quien llegaba, porque a ella siempre le había asustado la posibilidad de un extraño en la casa. Pero hoy él no golpeó. Y ella no se sorprendió. El se acercó en silencio pero su rostro permaneció en las sombras, fuiste al río, le preguntó en voz muy baja, sí, dijo ella. El se sacó la gorra y la colgó junto al espejo. Y la miró desde allí. Ella tenía los ojos bajos, el cabello anudado a la nuca. La blusa blanca con tres botones desprendidos, la falda verde…Se movió pesadamente, pero había cierta gracia en su andar. Estiró el brazo y le puso la mano fuerte en la nueca. Le quitó el moño negro y el cabello se desparramó sobre la espalda, sobre los hombros…y le dijo, nunca más, Marietta. A ella le corrían lágrimas sobre el rostro, todavía inclinado, mirando el suelo. El fue hasta la mesa, miró las flores y reconoció violetas de la ribera. Las tocó en silencio, quizas inventando el perfume del agua. Me voy a la cama, dijo Marietta. Fue al dormitorio sin darse vuelta.

it kissed her feet, which always drew up, surprised by the tingling sensation. When she opened her eyes the colours of the trees were settling among the shadows. The voice repeated *Angelus Domine*...an infusion that left its love in the caress. Again and again she brought back the image, of that voice, her flesh tensed, prepared for the embrace that had always embodied their love. Her hands had covered the paths of the voice so many times. She loved him. Deeply and unashamedly, she loved him. She suddenly blushed as she remembered something, and to distract herself she turned her thoughts to the violets and savoured them in silence. She would miss these afternoons, although not the nights. Marietta had always wanted to sing, but her voice was poor, and for that reason, with her arms and her hands she drew words in the air and made them flutter with her white handkerchief so they would take flight and would meet the words of the *Angelus*, so they could make love in the light. The afternoon set the red aflame and the blue penetrated it, creating a free, unique, pure violet.

She sighed and kissed the air. This special afternoon her steps were slow, pensive, like farewells to the dust, to the shade of the trees, to the air that would always hold the Angelus in its womb. That night she had not left dinner prepared. Her husband would return and there would be only flowers on the table. That's the way she had wanted it. There is always a moment that is the last and it must be recognized, celebrated, or lamented. Today was all of that.

Her husband didn't knock before coming in. He always had, in order not to surprise her, to let her know he was the one coming in, because the possibility of a stranger in the house had always frightened her. But today he didn't knock, and she wasn't surprised. He walked toward her in silence but his face remained in the shadows, "You went to the river," he asked her softly. "Yes," she said. He took off his cap and hung it beside the mirror. And he looked at her from there. Her eyes were cast down, her hair knotted in a bun. The white blouse with three unbuttoned buttons, her green skirt...He covered the reflection in the mirror as he turned around to face her. He moved heavily, because he was heavy, but there was a certain grace in his walk. He stretched out his arm and put his strong hand on her neck. He loosened the black bun and the hair spread

Pasó un rato que trajo oscuridad casi completa a la cocina. Al fondo, la puerta del dormitorio dejaba ver la luz amarillenta de la pantalla con hojas y flores secas. El se acercó y la miró desde el marco de la puerta. Marietta ya estaba en la cama, con su rostro cubierto por las sábanas. Sintió su presencia. Lentamente él le descubrió el rostro y la besó. Sin cantar, para no molestar a los vecinos, él repitió las palabras del Angelus en su oído, cuando la besaba en los ojos, cuando la acariciaba hasta confundir los sonidos de placer y de celebración, cuando repetía hasta estremecerla las palabras que cantaba desde la cúpula de la iglesia todos los atardeceres, para que su voz le llegara, amándola, abrazándola entre las violetas y el río. Se amaron hasta el amanecer, como tantas noches. Amaban sus cuerpos que habían crecido juntos y envejecían deseándose uno en brazos del otro.

El pueblo puso los rumores a descansar cuando supo que el marido de Marietta, don Gabriel, había por fin hallado trabajo en la carpintería del pueblo y no tendría que volver al otro a trabajar. Hacía mucho tiempo, cuando era mozuelo, el párroco lo había contratado por la delicadeza de su voz, para que cantara el Angelus al atardecer. Tres o cuatro pueblitos compartían el valle y la única iglesia. En las tardes quietas, el aire casi estancado permitía que la voz llegara a todos los pueblos del condado. La gente se había acostumbrado a esperar el Angelus y poco a poco había comenzado a acomodar los hábitos de comer, descansar, volver a casa o al bar, al sonido de la Anunciación. Al principio Gabriel dejaba su trabajo en el campo más temprano que los otros y subía al campanario. Desde allí veía las casas, el monte, el río. Y comenzaba a cantar. Desde que era un jovencito enamorado en silencio, sentía que le salía esta voz desde lo hondo de su timidez y el Angelus había sido un modo de llegar hasta ella, la moza más encantadora que él había visto. Sabía que en alguna parte ella se detendría a escuchar su canto. Era consciente de que al pasar los años había ido poniendo en la voz su cuerpo y su pasión. Y así crecieron juntos y fueron haciendo su espacio íntimo en las palabras del Angelus. Marietta se acostumbró al silencio de Gabriel, porque en realidad no era silencio, él ya le había dicho todo con palabras que flotaban en la luz. Y así había sido siempre.

Dicen que toda la comarca extrañó la presencia del Angelus. Que las campanadas se desparramaban casi solitarias, como abandonadas,

down her back and over her shoulders...and he said, "Not ever again, Marietta." Tears were running down her face, still bowed, looking at the floor. He went to the table, looked at the flowers and recognized violets from the riverbank. He touched them in silence, perhaps inventing the fragrance of the water. "I'm going to bed," said Marietta. She went to the bedroom without turning around.

It grew late, bringing an almost complete darkness to the kitchen. At the back, the bedroom door was ajar and left in view the yellowish light of the lampshade with its leaves and dried flowers. He looked at it as he came to the doorway. Marietta was already in bed, her face covered by the sheets. She felt his presence. Slowly, he uncovered her face and whispering, "Marietta," he kissed her. He didn't sing, in order not to disturb the neighbours, but he repeated the words of the Angelus in her ear, while he was kissing her on her eyes, while he was stroking her until the sounds of pleasure and of celebration were mixed, while he repeated until she quivered the words that he used to sing from the cupola of the church every afternoon, so that his voice would reach her, loving her, embracing her among the violets and the river. They made love until dawn, as on so many nights. They loved their bodies which had grown up together and gotten old, each desiring to be in the arms of the other.

The townspeople rested their rumours when they found out that Marietta's husband, Don Gabriel, finally had work in the carpenter shop in town and wouldn't have to return to a job in the other town. Years before, the parish priest, because of the refined quality of Gabriel's young voice, had hired him to sing the *Angelus* at dusk. Three or four small towns shared the valley and the only church. In the quiet afternoons, the almost stagnant air let the voice reach all the towns in the countryside. The people had become accustomed to expect the *Angelus* and little by little had begun to accommodate their times of eating, resting, going home or to a bar, to the sound of the Annunciation. In the beginning Gabriel left his work in the field earlier than anyone else and climbed to the bell tower. From there he would see the houses, the woods, the river. And he would begin to sing. From the time of his youth, enamoured of the silence, he sensed that this voice came from the depths of his timidity, and the *Angelus* had been a way to reach her, the most enchanting young

por los techos de los pueblos cercanos y las riberas del río. A veces parecía que, desorientadas, ya sin guía, se enredaban en los montes, se hacían casi opacas en el agua. Marietta, como siempre, era la única privilegiada: en las noches en que la luz todavía giraba en medio de las sombras ella escribía palabras en el aire para que se encontraran con las del Angelus que Gabriel, murmurando, ponía en el cuerpo de Marietta y ambos seguían, en los años que llaman viejos, encarnando el canto.

woman he had ever seen. He knew that somewhere she would stop to listen to his song. He was aware that through the years he had come to put his body and his passion into his voice. And so they grew together and his personal space was in the words of the *Angelus*. Marietta became accustomed to Gabriel's silence, because in truth it wasn't silence, he had already said everything in words that floated in the light. And that's the way it had always been.

They say that the whole region missed the presence of the *Angelus*, that each toll of the bells seemed alone, as if abandoned over the roofs of the neighbouring towns and the riverbanks. At times as if, disoriented, without a guide now, they twined together in the woods, dropping into obscurity in the water. Marietta, as always, was the only privileged one: in the evenings while light still swirled amid shadows, she would write words in the air so they would meet those words of the *Angelus* that Gabriel, singing softly, placed on Marietta's body, and the two of them, in their later years which people refer to as older, continued embodying the song.

Poems de *Los espejos hacen preguntas* (poemas dedicados a Sor Leonor de Ovando)

I

Tengo el alma como una caravana
cargada
de pañuelos al aire
llena de adioses y recuerdos
cartas archivadas, puertas sin goznes
memorias que no me pertenecen.
Me desconozco en los pasillos
me encuentro nueva en los recodos
rozo sombras.
Me pasan como a un puente
solamente mío el instante del pasaje.
Trato de retener
la tenuidad que tan rápidamente se deshace
por ver si entre las volutas
escucho las voces
que transitan los folios del archivo.

Me pasan, me pasan
pasan sobre mí y se van.

Poems from *The Mirrors Ask Questions*
(Poems to Sor Leonor de Ovando)

I

My soul is like a caravan
fully laden
with vanishing kerchiefs
of goodbyes and reminiscence
with filed letters, hingeless doors
memories not my own.
I don't know myself in the hallways
I've become new in the hidden nooks
I brush shadows.
They pass over me as if a bridge
mine solely at the moment of crossing
I try to retain
their flimsy, quickly dissolving substance
to see if among the unfurling scrolls
I hear the voices
that travel the papers of the archive.

They pass over me, over me
pass over me and are gone.

II

Sobre todo
este día de arrayanes
que insiste en ser raíz.

Los límites,
aliento de tiempo
respirando finas hebras,
desaparecen más allá
del momento en que ella escribe.

Dura su voz como un navío
recorriendo los cíclicos mares.

La inmediatez de lo lejano
sigilosamente amaneciendo
en páginas escritas
placer revelado
para mis ojos que ella nunca imaginó.

A flor de tierra, en la isla de velamen quieto
los espejos hacen preguntas.

II

Especially
on this day of myrtle blossoms
a day determined to become a root.

The limits,
a breath of time
scenting delicate strands,
will disappear going beyond
the moment of her writing.

Her voice as enduring as a ship
retracing cyclical seas.

The immediacy of everything distant
surreptitiously dawning
on written pages
          unveiling a pleasure
for my eyes, which she never imagined.

On the surface of the island of the quiet sail
the mirrors ask questions.

III

La encontré
en una de esas tardes que soplan el polvo
de largas galerías.

No del agua
        que me abrió los labios con sed de abismo
        ni de las ondas con destino de jornada virgen.
De un punzante deseo
de abrir un libro todavía cerrado.

La vi más allá de los ojos grandes
donde nacen horizontes,
más allá del nombre casi desvanecido
en la página que rompe la distancia.

Llegó rozándome ofreciéndose
abriendo los brazos
hasta inundarme de amor.

III

I found her
on one of those afternoons that blow away dust
from long galleries.

Not stirred by water
      to open my lips with a chasm's thirst
      or by waves with a virgin journey's destination.
By a piercing desire
to open a book still closed.

I saw her beyond the wide eyes
that give birth to horizons
beyond the almost vanished name
on the page that breaks distance.

She came touching me offering herself
opening her arms
until flooding me with love.

IV

Recuerdo la hora
del abril
en que tu poema ciñó el aire del recinto.

Tan callada
balanceándose entre tu tiempo y el mío.

La sucesiva y necesaria
vibración de tus palabras
        incorporándose
        extensas
        incorporándome
al manto sutil de tu voz.

Ligeros pasos entre las líneas
        calor todavía resplandeciendo
        en los versos sueltos en que existes
pasan y se quedan en mis manos
con tal dulce abandono.

IV

I remember the hour
of that April
when your poem stilled the air of the hidden nook.

So silent
balancing between your time and mine.

The successive and necessary
vibration of your words
        gathering substance
        vast
        gathering me
to the subtle mantle of your voice.

Light steps between the lines
        warmth still resplendent
        in the blank verses you dwell within
they pass and they remain in my hands
with such sweet abandon.

V

El alba en las islas
desnuda casi en las sombras
iluminando las playas
con brisas tentativas.

La mañana desenvolviéndose
como pájaro tímidamente somnoliento.

Resplandor en el horizonte
apenas desalojando las sombras
y luego, el sol, engarzándose
con perfecta puntualidad entre las olas
espolvoreando las tapias del convento.

V

Dawn in the islands
almost nude in the shadows
brightening the beaches
with tentative breezes.

Morning dissolving
like a timidly drowsy bird.

Splendour on the horizon
scarcely displacing the shadows
and then, the sun, perfectly punctual
swirling among the waves
lightly showering the walls of the convent.

VI

Las horas matinales
marcaban el margen de la luz.
La tela rozando apenas
la piedra
de sencillez desnuda.
Presurosos los pasos,
los labios que esperan,
tibio el olor del naranjal.
El arco encalado abre su espacio
y ella, ligera,
fugaz como un río,
desembarca en las sombras
de la nave mayor.
El tintineo de la campanilla
reberbera en oraciones
"Ave" dicen
y las ondas la traen
de su tiempo al mío.

VI

The matinal hours
were marking the border of the light.
The cloth scarcely brushing
the stone's
naked simplicity.
The steps, hastened,
the lips, waiting,
the fragrance of the orange grove, warm.
The whitewashed arc opens its space
and, lightly,
fleetly like a stream,
she disembarks into the shadows
of the central nave.
The tinkling of the bell
reverberates in prayers
"Ave" they say
and the waves bring her
from her time to mine.

XV

la pura sanctidad allí encerrada,
el émphasis, primor de la scriptura,
me hizo pensar cosa no pensada.

Sor Leonor de Ovando, en "la Pascua del spiritu santo"

Audaz
el brillo inicia el fuego
y es imposible hacer la noche nuevamente.

Continuidad del momento en que pensaste
la cosa no pensada
y escribiste finísima tu poético deseo.

A la sagrada visión de lo innombrable
énfasis de la palabra
valor plural del único sonido
le diste permanencia en tus poemas.

Naciste la luz en el papel,
        creciste alas a los siglos
y hoy, aposentada nuevamente en tus palabras,
confiada, esperas.

XV

the pure sanctity revealed and therein conceived,
the emphasis, the essence of poetry,
gave me thought not once before perceived.
Sor Leonor de Ovando, at Pentecost

Audacious
the glow ignites the fire
so it is impossible to recast the night.

An extension of the moment when you thought
those things never before perceived
and delicately wrote your poetic desire.

To the sacred vision of the ineffable,
through the emphasis of the word,
through the polyvalence of the single sound,
to it, you gave permanence in your poems.

You gave birth to light on the paper,
     you grew wings on the centuries,
and today, newly resting upon your words,
confident, you wait.

El rosedal

En medio del parque hay un estanque.
El rosedal es apenas un extraño olor de verano.
Los pasos son otros,
los que caminaron el parque de la ciudad lejana.
Entonces era joven
y el perfume de caricias entreabría rosas.

Los pasos se han cansado al llegar al estanque.
El agua turbia refleja dos rostros:
uno mínimo, otro que ya no está.

Ella vuelve su camino a solas.
El otro se quedó, hace mucho tiempo,
en la ciudad lejana.

The Rose Garden

A pool lies near the centre of the park.
The rose garden is barely a strange summer fragrance.
The steps belong to others,
others who strolled the park in the distant city.
She was young then and the perfume
of caresses was opening rosebuds.

The steps at the edge of the pool are now weary.
Murky water reflects two faces:
a tiny one and another that no longer is.

She retraces her steps alone.
The other stayed, a long time since,
in the distant city.

Comienzo

Ella no sabe cómo decir adiós.

Mientras mira la verdad que quema la piel
haciendo del suyo un cuerpo sellado
presiente que en la sombra alzada
la luz amasará brillos recobrando calma.

Pero es tan triste el gemido
del vacío.

Dueña de un pasado que nadie comparte
recoge en sí misma
los momentos que no son para sus hijos.
Se hunden para siempre
los besos que su amado dibujaba con ardor,
el gesto que engendraba placeres
y embriagaba las horas mudas
de puertas cerradas.
El vértigo de los cuerpos abrazados,
la quietud de los secretos cotidianos.

Sobre aquel ayer de mujer amada
vacila este cuerpo marcado por la ausencia.

En un tiempo que desea sin muros
ella irá desnudando la memoria
de aquél que sólo a ella pertenece.
Hará del adiós el camino hacia el encuentro.

Beginning

She doesn't know how to say goodbye.

While truth sears her skin
sealing her body,
she senses that in the risen shadow
light will gather glints to recover her calm.

But the plaintive moan of emptiness
persists.

Owner of a past no one shares,
she draws to herself the moments
that are not for her children.
Submerged forever are the kisses
her beloved designed with passion,
the gesture that brought pleasures
and intoxicated quiet hours
of closed doors.
The vertigo of embraced bodies,
the quietude of daily secrets.

Over yesterday's loved woman
this body pauses marked by absence.

She wishes for a time with no walls
and gradually to lay bare her memory
of him who belongs only to her.
She will make that goodbye the path to meeting.

La brisa

La vi caminar por un tiempo estrecho
como una senda dibujada en un papel.
Su piel palpitaba como pájaros suaves
vigilando su sueño con olor de azucena.

Los pechos como labios de nubes ligeras
imitaban las dulces colinas. La vi caminar
hecha toda de cristal o de amor
y volver la cabeza para buscar su sombra.

The Breeze

I saw her travel through a narrow time
like a slender path sketched on paper.
Her skin pulsed like softly feathered birds
keeping watch over her lily-fragranced dream.

Her breasts like lips of wispy clouds
emulated gentle hills. I saw her travel,
wholly fashioned of crystal or love,
and turn her head to search for her shadow.

El nombre

Pronunciar el nombre. Conjurar la presencia.
Abrir puertas para ver los corredores,
Los cuartos alineados, sábanas secándose al sol.
Sonrisas mudas que se llenan de sonidos silenciosos.
Los números de pie contando sillas,
la larga mesa de la comida diaria,
ventanas, puertas, naranjales.
Los arbustos humeando otoños
o los álamos sosteniendo las nubes estiradas.
El nombre trae bocanadas de historia,
olorosos recuerdos de horizontes
organizados en años y grados y escaleras.
Como hileras de libros
que traen vidas que recuerdan otras vidas.
Viento que anuncia ciruelos en flor
o el brillo escondido de la mica.
El mineral de horas prietas rayando espacios
de soles evasivos.
Decir el nombre y apretujar recuerdos
saltando vallas, corriendo senderos,
destapando botellas de colores.
Y hay un calor que asciende no se sabe de dónde
cuando ella se mira en el espejo
y pronuncia su nombre.

The Name

To pronounce the name. To conjure up the presence.
To open doors and see the hallways,
the rooms lined up, sheets drying in the sun.
Mute smiles imbued with silent sounds.
Numbers standing to count chairs,
the long table for every meal,
windows and doors and orange groves.
The foliage exuding autumns or
the poplars holding cirrus clouds.
The name brings generous whiffs of history,
fragrant memories of horizons,
arranged by steps, by stages, by years.
Like rows of books bringing lives
that remember other lives.
A wind that foretells flowering plums
or reveals the hidden glint of mica.
The mineral formed of dense hours
lighting spaces of evasive suns.
To say the name. Press close memories.
Leaping hurdles and running paths
uncapping bottles of colours.
And a warmth rises from a source no one knows
when she looks into the mirror
and pronounces his name.

Lucrecia

Aunque sabía que *Burda* traía modelos muy lindos prefería comprar *Labores* porque entendía mejor las explicaciones. Esperaba que este número trajera un modelo más interesante que el del anterior. Sería un pulóver para Marianita. ¡Todavía la llamaba Marianita! Ya hacía seis años que se había casado, tres que se había ido a los Estados Unidos—y todavía la llamaba Marianita! ¡Ah los hijos, los hijos...! Pero qué haría si no tejiera, si ni siquiera compraba el diario para no enterarse de nada, para no complicarse la vida. A ella, siempre se lo decía a su vecina, que la dejaran en su casa, tejiendo y recordando y releyendo las cartas de Marianita todas las tardes. A veces venía Rosario y hablaban sobre puntos, tejidos, bordados, de cuando los hijos eran jóvenes y todas esas cosas mientras esperaban el comienzo de la telenovela. Rosario le decía "Luque, tenés que salir un poco más, ir al centro, ir al cine, la vida te está pasando por encima y ni te das cuenta". Lucrecia sonreía con bondad y pensaba que no podían comprender que para ella la vida era así de simple y satisfecha, llena de recuerdos que atesoraba en los días largos. Ella lo que quería era vivir en paz. Le gustaba el té con las galletitas dulces de "La espiga de oro" y mientras caminaba hacia el kiosco de revistas se imaginaba una tarde casera, tranquila, con *Labores*, su tecito y sus recuerdos.

El ruido en la calle parecía aumentar cada vez más. Debe ser por el colegio secundario de la otra cuadra, se dijo Lucrecia, y trató de llegar al kiosko cuanto antes. ¡Qué día para salir a comprar *Labores*! ¡Una manifestación! Eso es, tal cual, era una manifestación. Estos chicos lo que deberían hacer sería estudiar, eso les hace falta, prepararse para la vida, para ser alguien útil en el futuro, eso es lo que necesita este país. ¡Revoltosos! Seguro que los padres no saben dónde están sus hijos. Deben creer que están donde deberían estar, no en la calle, gritando libertad y justicia social y libertad a los presos políticos y todas esas cosas que sólo los mayores, y sólo algunos mayores, entienden. Qué saben estos mocosos de democracia, socialismo, multinacionales y todas esas cosas que ni siquiera han estudiado todavía. A lo mejor en la Facultad de Ciencias Políticas, como decía la hermana de Rosario, enseñan algo de eso, pero estos chicos, vamos, que no me lo cuenten...

Lucrecia

Although it was true that *Burda* had beautiful patterns she preferred *Labores* because the instructions were easier. She only hoped this issue would have a more interesting pattern than the last one. It was to be a sweater for Marianita, still Marianita not Mariana, even though she was married! That was six years ago now and for the past three years she had been living in the States, yet Lucrecia still called her by her pet name! Oh, children, children…But what would she do if she didn't knit for her Marianita? She didn't even buy a newspaper, didn't want to know anything, didn't want to complicate her life. She was always telling her neighbour she just wanted to stay at home, knitting, remembering, rereading Marianita's letters every afternoon. Sometimes Rosario would come over and they talked about stitches, fabrics, and embroidery, and about the children when they were youngsters, all while they waited for the soap opera to start.

Rosario would tell her "Luque, you should get out more, go to town, go to the movies, life is passing you by and you don't even know it."

Lucrecia would smile good-naturedly, realizing no one could understand that life was like that for her, simple and satisfying, full of the memories she treasured during the long days. All she wanted was to live in peace. She liked her cup of tea and the sweet little cookies from "La espiga de oro", and on her way to the magazine stand she was picturing her afternoon at home, a peaceful time, with *Labores*, a nice cup of tea, and her memories.

The street noise seemed to be growing louder and louder. "It must be from the high school in the next block," said Lucrecia under her breath, and she tried to hurry to the newsstand. What a day to be out buying *Labores*! A protest march! That's exactly what it was; it was a student protest. Those youngsters, what they should be doing was studying, that's what they needed, to prepare for life, to be someone useful in the future, that's what this country needs. Troublemakers! I'll bet those parents don't know where their children are. They probably think they are where they ought to be, not out in the streets yelling for liberty and social justice, and freedom for political prisoners—things only adults understand. What do those brats

La manifestación avanzaba por la avenida España. Eran unos doscientos estudiantes, unos pocos con uniformes de escuelas religiosas, la mayoría con uniformes de escuelas estatales, todos vociferando, llevando cartelones...un aire casi de fiesta o carnaval corría entre las filas de los jóvenes...algunos sabían porqué estaban allí y sabían que se las estaban jugando, otros no entendían mucho pero se entusiasmaban en seguir a los más decididos, otros disfrutaban de la tarde libre—¡sólo en pensar en la cara de la directora que los veía salir del colegio interrumpiendo las clases regulares!—otros, en fin, sintiéndose parte de algo que podría ser muy importante, otros cansados, otros enfurecidos. Las asambleas estudiantiles estaban cargadas de discursos pesados en conceptos, livianas en espíritu, reverberantes de un sentido auténtico de responsabilidad y con una ingenuidad absoluta; muchos se divertían...una especie de cosquilleo nervioso...tal vez con vaga sensación de riesgo...eran las primeras manifestaciones estudiantiles...eso decían. Los dirigentes se destacaban por su espíritu agresivo y seguro, conquistadores intelectuales—ideólogos los llamarían después—de una muchedumbre, casi todos chicos de una clase media tomada de sorpresa, que se movía casi más por intuición y ambigua solidaridad que por saber exactamente de qué se trataba la falta de libertad o las injusticias sociales o por qué los estudiantes estaban a favor de los obreros. Casi todos ellos habían escuchado cosas en la casa: no te metás, el país se va a la mierda, o al diablo según la casa, hay que hacer algo, los precios se van a las nubes, quién puede vivir con este sueldo, hay hambre, hay inseguridad, subversivos, no se puede ni hablar, están llevándose a la gente, escuadrones de la muerte, paramilitares, todos escuchando palabras que parecían cargadas de acciones y revueltas, sin embargo pocos se resolvían a enfrentar los acontecimientos. Pero ahora los estudiantes se habían movilizado, estaban convencidos de que tenían poder. Había mucho valor y patética inexperiencia. A la quinta cuadra, dos antes de llegar a la plaza, vieron a los policías a caballo. Empezaron a asustarse los de la primera fila. Los dirigentes redoblaron sus esfuerzos para alentar a los compañeros. Algunos empezaron a irse por las calles laterales, otros entraron en zaguanes de casa particulares, a otros los echaban de negocios que todavía no habían bajado la tela metálica de

know about democracy and socialism and multinationals, they haven't even studied that yet. It may well be that political science classes do teach those things like Rosario's sister says, but those kids, come now, you can't tell me...

They were marching up Avenida España, some two hundred students, a few in church school uniforms, most in state school uniforms, all of them yelling, carrying posters...a carnival-like, party atmosphere running through the lines...some might know why they were there, and what they were risking, others didn't understand much but were excitedly following those who seemed to know, while others were enjoying a free afternoon—savouring the image of the principal's face when she saw them leave school, disrupting regular classes!—while some, in short, sensed they were part of something that could be very important, others were tired, a few very angry. The school assemblies had been packed with speeches, heavy in content, light in heart, reflecting an authentic sense of responsibility and absolute innocence; many students were just having fun...a kind of nervous thrill...perhaps with a vague sensation of risk...these were the first student protests...that's what they were saying. The leaders were easily identified by their sure, aggressive manner, intellectual conquistadors—ideologues they would call them later—conquering the crowd, almost all young people from a middle class taken by surprise, probably moved more by intuition and ambiguous solidarity than by an exact knowledge of what social injustice or the lack of freedom meant or by any understanding of why students were in favour of workers. Almost all of them had heard their parents saying: don't get involved, the country's deep in shit or going to hell—depending on the family—something's got to be done, prices are sky-high, who can live on this salary, look at the hunger, the lack of security, the subversives, it's not even safe to talk, they are carrying people off, there are death squads, paramilitaries. Everybody had also heard lofty proposals about action, about revolts, but few had decided to confront the events.

Now the students had finally mobilized, convinced of their power. Courage abounded, along with a pathetic lack of experience. In the fifth block, two blocks before the plaza, they saw mounted police. Those in front began to feel threatened. Their leaders

protección. Los caballos arremetieron contra los estudiantes, pisoteando, empujando, dándoles con todo.

Lucrecia, que había quedado en medio de la desbandada de los estudiantes vio la cara de una chiquilina contra la panza de un caballo. Siguió con horrorizada estupefacción los movimientos de la chica cuando trataba de empujar al caballo…el policía le gritaba obscenidades y le golpeó la cabeza con el pie asegurado en el estribo. El caballo siguió empujando a otros y la chica cayó al asfalto. Otro grupo que todavía seguía gritando, esta vez a los policías—brutos, animales, vendidos, hijos de puta, pelotudos—la arrastraba a Lucrecia hacia donde estaba llegando el Neptuno de turno. Rápidamente bajaron tres hombres y, manguera en mano, descargaron el agua contra los manifestantes. El agua tenía anilina roja. Los jóvenes se espantaron…¡serían reconocidos en cualquier lugar! Lo tremendo de la situación les dio por la cabeza y sintieron aflojárseles el estómago. Algunos corrieron buscando en vano refugio en una ciudad que estaba llena de miedo; una ciudad que cerraba las puertas para no comprometerse. Otros chicos enfrentaban a los policías confiando en la fuerza de sus convicciones y en las promesas de algunos de los "viejos" que les habían asegurado que los sacarían del peligro. Los chicos corrían desparramando miedo…

El vestido de Lucrecia tenía un gran manchón rojo en el pecho y parte de la falda. Corrió hacia la vereda de enfrente con torpeza, ¡a sus años era difícil correr como los jóvenes! Había logrado salir del área del Neptuno. Alguien, al pasar corriendo junto a ella, le había puesto un panfleto en la mano. Se enderezó cuanto pudo, trató de ocultar la mancha que era y sería indestructible, y se encaminó a su casa. No se dió cuenta ¡cómo se iba a dar cuenta! de que, desde la entrada de ese banco de escudo dorado, un hombre vestido de gris la había estado observando con especial atención.

Llegó a su casa. Apoyó la espalda contra la puerta, tiritando. Fue al baño, tiró el panfleto en el canasto de la basura, dejó caer su bolso en la bañera, se sacó el vestido, se sentó en el inodoro y lloró…lloró y lloró…Sentía lástima de sí misma, de la chica herida en el suelo, de los retos que recibirían algunos de los chicos al volver a la casa, de los que serían finalmente llevados a la comisaría, de la insensatez de los chicos y de los grandes, la violencia en las calles, en las escuelas,

redoubled efforts to encourage their *compañeros*. Some left by side streets; others went into the entrance patios of private homes, or were thrown out of stores that had yet to lower their protective metal shutters. Suddenly, the horses charged the students, stomping, thrashing about, pitting their full force against them.

Lucrecia, who was in the middle of the routed students, saw the face of a young girl being thrust against the stomach of a horse. In horrified amazement she followed the girl's attempts to push the horse away…the policeman, shouting and cursing, kicked her in the head with his foot still secured in the stirrup. The horse kept charging and the youngster fell to the pavement. Another group continued yelling, this time cursing the policemen—traitors, beasts, animals, bastards, brutes—as they dragged Lucrecia toward the approaching Neptune for the day. Suddenly, three men jumped down and firehose in hand shot the water at the protesters, water stained red with aniline dye. The youngsters were terrified…now they would be recognized anywhere! The horror of the situation convulsed them, made them physically ill. Some ran, vainly searching for a place to hide in a fear-ridden city, a city that closed its doors so as not to become compromised. Others faced the police head-on, trusting in the power of their convictions and in the promises of some of the "big honchos", who had assured them they would see to it that they weren't in any danger. As the young people ran, they scattered fear in all directions…

Lucrecia's dress had a large, red stain on the blouse and part of the skirt. She stumbled toward the sidewalk ahead. At her age it was difficult to run like a kid! She managed to get out of Neptune's range. Someone running by stuffed a pamphlet into her hand. Lucrecia straightened up as much as she could, still trying to hide the stain that was there now and always would be, and started home. She didn't realize—how could she!—that from the moment she passed the bank with the gold shield over the entrance, a man dressed in gray began watching her intently.

When she reached home, she leaned against the door, and stood there shaking. Once in the bathroom, she threw the pamphlet into the trash, dropped her sack in the tub, pulled off her dress, collapsed on the toilet seat and dissolved into tears. She felt so sorry for herself,

en el país, en la vida de todos los días, lástima de haberse dejado envolver en algo que no sabía qué era, de haber recibido insultos y de que la hubieran mojado y marcado como a una delincuente, de la vergüenza de esconderse para que los vecinos no la vieran, lloró por su hija que no sabría qué estaba pasando porque hacía tres años le había dicho, nos vamos porque aquí no se puede vivir y a Alberto lo tienen marcado, y se fueron y ella no entendió entonces y no entendía ahora porqué a la gente la marcaban y luego algunos se iban o desaparecían y lloró aún más.

Se levantó con la espalda dolorida porque había pasado un buen rato sentada en el baño, fue a su dormitorio donde la cama grande parecía siempre más grande desde que su esposo murió de cáncer; se puso una bata y se recostó. No pudo descansar, se levantó y fue a la cocina. Tiene gracia, se dijo, cómo una se puede mover en la oscuridad. No necesitaba encender las luces porque conocía la casa de memoria. Había vivido aquí casi treinta años, no, veintiocho en realidad. Conocía su casa al dedillo, como quien dice, pero ahora se daba cuenta de que el mundo de afuera le era desconocido, hasta el barrio había cambiado. Al llegar a la cocina encendió la luz porque tenía que prender el gas y eso sí que no lo iba a hacer en la oscuridad. Hirvió el agua y cuando estaba preparando el té se dio cuenta de que los calambres que había sentido en la mañana eran la segura señal de su 'regla', el 'asunto', como decían las jovencitas; sonrió con ternura al recordar la vergüenza que sintió su mamá cuando le habló sobre la menstruación la primera vez, ¡y la única!, cuando tenía doce años y ahora, a los cincuenta y dos, cuando ya estaba llegando casi al final, a veces, hasta a ella misma todavía le daba vergüenza ir a comprar esas cosas a la farmacia, sobre todo cuando era un hombre que la atendía. Fue al baño y buscó la toalla higiénica, que ahora era puro algodón, ¿cómo la llamaban ahora?, ¡no como en sus primeros tiempos! Sus pensamientos estaban confusos. Todavía sentía una sensación de angustia y como de algo roto en alguna parte, un súbito desplazamiento de la realidad, un viraje intangible, un punto saltado, algo así. Tendría que ir mañana a la farmacia a comprar otro paquete porque sólo le quedaban tres, se dijo. Cuando volvía a la cocina vió la hora en el reloj de la sala, las ocho y veinticinco, se estremeció. Taza en mano fue a su dormitorio, tomó una pastilla para dormir y, sin

for the injured girl lying on the ground, for the scene some of the youngsters would face at home, for those who would finally be taken to the police station, for the stupidity of the young people and of the adults, for the daily violence in the streets, in the schools, in the country, and for the disgrace, the red dye—the mark of a delinquent—the shame of hiding so the neighbours wouldn't see her.

She cried for her daughter who didn't know what was happening, who told her three years before—we are leaving, it's impossible for anyone to live here and Alberto is on their list—and they left, and she didn't understand then and didn't understand now why there were people on lists and then some would leave or disappear, and she cried inconsolably.

Lucrecia got up, her back aching from sitting so long in the bathroom, and went to her bedroom, where the large bed always seemed bigger since her husband died of cancer. She put on her robe and lay down, but it was impossible to relax, so she got up and went to the kitchen. It's odd, she thought, how you can move around in the dark. There was no need to turn on the lights because she knew the house by heart. She had lived there some thirty years, no, really twenty-eight. She knew the house like the back of her hand, as they say, but now she realized the outside world was a complete unknown, even the neighbourhood had changed. In the kitchen she switched on the light because she had to put a match to the burner, and that was something she wouldn't do in the dark. After the water was boiled and she was preparing her tea she realized the cramps she felt that morning were the sure sign of her "period", "the curse" as the young women called it; she smiled softly, remembering how embarrassed her mother seemed when she told her about menstruation for the first time—the only time!—when she was twelve, and now even at fifty-two, when she was almost through, she was still embarrassed at times to buy those things at the drugstore, especially when a man was waiting on her. Back in the bathroom, she looked for the napkin that now was pure cotton—what is it they call them now?—not like the first ones we had! Her thoughts were muddled. She still felt a kind of anguish, like something was broken somewhere, a sudden loss of reality, an intangible distortion, a sort

descambiarse, se arrebujó en la cama buscando calor, protección, no sabía qué, quizás se enrollara sobre sí misma para no sentirse sola.

Un timbrazo la despertó. Todavía entredormida se preguntó quién sería a esta hora. Un telegrama o quizás su vecina Rosario que esperaba una mala noticia de su hermana. Aún tratando de pensar con claridad abrió la puerta. La empujaron con fuerza, "no grite", le dijeron, se tambaleó y cayó sobre la alfombrita de la entrada, "levantate vieja puta". Dos fueron para adentro y trajeron el vestido de viyela manchado y un papel arrugado. Patearon sin ton ni son algunos muebles, abrieron unos cajones, desparramaron cosas. Sólo uno tenía un arma en la mano. No reían, no decían nada. "A ver ustedes" dijo de pronto uno de ellos y su voz sonó como un tiro, "metan a la vieja en el auto" y tiró un trapo que pusieron sobre la cabeza de Lucrecia. Había un enorme ruido quieto que la aterraba mientras trataba de dar algún sentido a lo que pasaba. La metieron en un auto, en el piso de atrás. Alguien se sentó en el asiento y le puso los pies encima, aplastándola a propósito. Nadie hablaba. Lucrecia sentía la garganta seca y no se animaba a carraspear por temor a que le hicieran algo. ¿Quiénes eran? ¿Qué querían de ella? ¿Adónde iban? El que la pisaba hundía el taco en su cintura provocando gran dolor en el hueso de la cadera. Ella lloraba en silencio, sin lágrimas ni suspiros.

El auto paró. La sacaron de un brazo. Los pasos resonaban autoritarios. Ruido de gente que movía papeles; alguien escribía a máquina. "Llevala para allá , después llenamos los papeles", dijo alguien que estaba cerca de ella. "No le vimos la cicatriz pero me parece que es la misma puta", dijo otro. "Ya le vamos a poner varias", dijo una voz grave. "Estaba entre ellos, fustigándolos, es la misma que la del retrato de la pendejita. Y si no es la misma, ¡vamos a hacer que lo sea, carajo!" dijo una voz tan gris que cortaba. Lucrecia veía luces, bultos a través de la trama de la tela. De vez en cuando, cuando la tironeaban del brazo, la tela se abría a la altura de su mentón y podía mirar hacia abajo y veía unas baldosas blancas y negras, como un tablero.

Abrieron varias puertas. Parecía que recorrían pasillos. Se detuvieron, abrieron una, la empujaron adentro y la cerraron de un golpe. Todavía tenía el trapo en la cabeza. Esperó unos minutos,

of dislocation. She told herself that tomorrow would mean a trip to the store for another package, as there were only three left.

On her way back to the kitchen she noticed the time on the living room clock, eight twenty-five, and it made her shudder. Cup in hand she went to her bedroom, took a sleeping pill, and, without removing her robe, she snuggled into the sheets seeking warmth, protection, not knowing what, maybe just to cuddle up in a ball so she wouldn't feel alone.

The loud ringing awakened her. Still half asleep she wondered who it could be at that hour. A telegram or maybe Rosario who had been expecting bad news from her sister? Still trying to clear her mind she opened the door. They threw it wide open.

"Don't scream," they warned; she tripped and fell on the entrance hall rug.

"Get up, you old whore."

Two of them went inside and came out with the stained wool dress and a piece of wrinkled paper. They kicked randomly at the furniture, opened a few drawers, scattered things around. Only one was holding a weapon. They weren't laughing or saying anything.

"Here you," one of them burst out, his voice sounded like gunfire, "Get the old woman into the car," and he threw a cloth that they pulled over Lucrecia's head.

The silence was deafening, terrifying as she tried to make sense out of what was happening. They forced her onto the floor in the back of the car. A man got in and propped his feet on top of her, intentionally mashing her. No one was talking. Lucrecia's throat was dry and she couldn't muster the courage to clear it, for fear they would punish her.

Who were they? What did they want with her? Where were they going? The man with his foot on top of her intentionally dug his heel into her waist, provoking a severe pain in her hip. She cried silently without a tear or a sigh.

The car stopped. They pulled her out by one arm. The footsteps resounded authoritatively. Sounds of people shuffling papers, someone typing.

"Take her over there, we'll fill out the papers later," said a nearby voice.

¿horas?, no se atrevía a tragar la saliva que se le había acumulado en la boca. No se atrevía a mover las manos que las sentía crispadas y frías. Ni siquiera se atrevía a abrir los ojos. El cuarto parecía frío, ella sudaba frío. Miedo. ¿Qué pasaría si se sacara el trapo de la cabeza? ¿Qué pasaría si no se lo sacara? ¿Qué pasaría si se moviera? ¿Horas? Un susurro. Alguien decía algo. Voz de mujer. "No tengás miedo", dijo alguien. "Estás sola. Podés sacarte el trapo", decía otra voz. Baja. Temerosa. ¿Dónde estaba? ¿Quiénes le hablaban? Permanecía de pié, dura, inmóvil, preguntándose. Tragó la saliva amarga, espesa. Temblaba. Quería dar un paso hacia adelante. No pudo. Silencio. Susurros. Le llegaban débilmente unos gritos que parecían de extremo dolor, seguramente que a través de paredes gruesas. Gritos desdibujados por el silencio que la paralizaba. Un susurro más audaz atravesó la tela que la cubría, "sacate el trapo, no tengás miedo". Levantó los brazos como si fueran de cemento, respondiendo a una orden no a su voluntad. Sólo los dedos de la mano izquierda encontraron el trapo. La otra mano se movía en vano en el aire. Tiró de la punta de la tela al mismo tiempo que abría los ojos. Una pared pintada de verde claro, un piso de baldosas amarillentas, una pieza vacía. Se dio vuelta. A la puerta de madera le habían cortado un cuadrado, le habían puesto una rejilla. Todo improvisado. Como el cuarto de una casa pero al mismo tiempo como una celda. Se acercó a la rejilla. Frente a ella otra, a la izquierda y en ángulo, otra, a la derecha una puerta común. En la rejilla de la izquierda sólo vio un ojo. En la de enfrente un par de ojos y la frente y una mano que se interpuso entre los ojos y la rejilla y que se movía a modo de saludo, hola. Silencio pesado. Lucrecia no sabía nada, ni dónde estaba, ni quiénes la habían traído, ni porqué. Miró la mano amistosa de enfrente y quiso hablar. Le costaba encontrar su voz. Finalmente dijo con mucho embarazo, "tengo que cambiarme". Los ojos detrás de la rejilla no comprendieron. Lucrecia repitió, "mi 'regla', tengo que cambiarme". Los ojos se cerraron. Lucrecia no podía ver la cara, pero sabía que la mujer sufría, lo supo cuando abrió los ojos. Pensó que nunca había visto los ojos como en cuadraditos, como cañamazo para bordar punto cruz. "No te van a dar nada, tenés que usar un pedazo de tu vestido o algo, y hacerte un paño. No te van a dar nada" susurró tristemente y desapareció. Lucrecia se miró los pies, movió

"We didn't see any scar on her but I think it's the same bitch," said another.

"We'll give her a few now," someone said sternly.

"She was with them, yelling them on, she's the one in the picture that the little fucker drew. And if she's not, shit, we can fix that!" His voice cut like sharpened steel.

Lucrecia glimpsed some light and some bulky shapes through the weaving in the cloth. From time to time, when they pulled on her arm the fabric opened up at her chin and she could look down and see black and white tiles in a checkerboard pattern.

They opened several doors. They seemed to be moving down halls. They stopped, opened a door, pushed her in and slammed it shut. The cloth was still over her head. She waited a few minutes, hours? without daring to swallow the saliva that had accumulated in her mouth, not daring to move her cold, clenched fingers, or even daring to open her eyes. The room seemed cold, she broke out in a cold sweat. Fear. What would happen if she took off the cloth? What if she didn't? What would happen if she moved? Hours?

A whisper. Someone was saying something. "Don't be scared," somebody said. "You're by yourself, you can take off the cloth," said another voice, softly, fearfully.

Where was she? Who were those people talking to her? She stood there, stiff, motionless, questioning. She swallowed the bitter, thick saliva. She was shaking all over. She wanted to take a step forward. She couldn't. Silence. Whispers. Screams, someone in severe pain, screams apparently muted by thick walls, screams that unravelled the silence paralysing her.

A more audacious whisper penetrated the cloth that covered her, "Take the rag off, hear, don't be scared." She lifted her arms that were heavy as cement and that responded to an order not to her own will. Only the fingers of the left hand found the cloth. The other hand waved aimlessly in the air.

She pulled on the corner of the rag at the same time that she opened her eyes. A wall painted light green, a floor of yellow tiles, an empty room. She turned around. They had cut a small square out of the wooden door and inserted iron bars. All improvised. Like a room in a house but at the same time like a cell.

los brazos para arriba y para abajo como si probara alguna cosa, y sintió que la sangre había colmado la toalla higiénica. Tenía que hacer algo pronto, le daría mucha vergüenza que la vieran así, hasta se puso colorada. Buscó la llave de la luz para apagarla pero no la encontró. Se sacó la media enagua de batista, la dobló cuanto pudo, se sacó el paño mojado mirando para todas partes por si hubiera alguien que la estuviera espiando, y se cambió. Cuando tuvo en su mano el paño empapado buscó dónde esconderlo. Nada. Un cuarto completamente vacío. Olía fuerte su sangre. Porque había sido arrojada con miedo, pensó. Olía demasiado, no la podría esconder. Se darían cuenta. Oyó que la llamaban otra vez. "¿Por qué estás aquí?" "No sé", dijo Lucrecia. "Pronto te lo harán saber" la mujer de un sólo ojo habló sin susurrar "te van a hacer pedazos y entonces te dirán porqué estás aquí". Lucrecia seguía con sus preguntas, quiénes, porqué, qué había hecho, dónde estaba...

Pasaron horas. Los gritos ya no se escuchaban. Nadie había dicho nada sobre eso. Silencio lleno de luz en el pasillo y en el cuarto. Calculó que sería muy tarde en la noche. Pasos. Alguien venía. Ella se arrinconó en la pared del fondo. Abrieron la puerta, "vos perra, vení para acá". Lucrecia no entendía. "Vos perra". Alguien con pantalón y camisa azul, cara redonda y bigote grueso. "Vos", y la pateó. Fue la primera patada que recibió y no la última. Dos, tres veces la llevaron a empujones, la cuarta y la quinta vez, cuando ya no podía casi caminar, la arrastraron hasta una pieza que estaba después de pasar dos grandes salones. Allí la golpearon la primera vez, y la segunda, y todas las otras veces...La llamaban "amanzadora". Ella había tenido tanto miedo cuando la llevaron la primera vez que se había aferrado al paño empapado de sangre y no lo soltaba por nada. Cuando ellos se dieron cuenta de lo que tenía en la mano, Lucrecia escuchó las primeras risotadas y muchos más insultos ..."tiene la porquería...inmunda...no se la puede ni tocar...asquerosa... cuidado, que ensucia"...nunca nadie la había llamado de esa manera...cuántas palabrotas que antes detestaba y que ahora la violaban, violaban su mundo que creía privado, ahora las palabrotas llegaban con peso, con furia, con puños...ahora se las decían a ella, a ella "perra", a ella "hija de puta", "puta", "ramera", a ella "tetona", "culona", "chupame aquí", "chupate vos" y le pasaban su propia

She went up to the grating. Facing it was another one on the left and at an angle another one and on the right a common door. Through the grating on the left she saw only an eye. In the one in front a pair of eyes, a forehead and a hand sticking between the grate and the eyes, and waving a sort of hello. The silence weighed heavily on her. Lucrecia knew nothing, not even where she was or who had brought her or why. She looked at the friendly hand in front of her and tried to speak. It was hard to find her voice. Finally, very embarrassed, she said, "I have to change." The eyes behind the bars didn't understand. Lucrecia repeated, "My period. I have to change."

The eyes closed. Lucrecia couldn't see her face, but she knew the woman was in pain. She was sure when the woman opened her eyes. She thought she had never seen eyes like that, with little squares, like a canvas for cross-stitching. "They won't give you anything, you got to use a piece of your dress or something and make a pad. They won't give you anything," the woman whispered sadly and disappeared.

Lucrecia looked at her feet, moved her arms up and down as if trying something on and discovered the blood had soaked the pad. Something had to be done right away, it would be shameful for them to see her this way. To think of it made her blush.

She looked for a switch to turn out the light but didn't find one. She slipped off her batiste half-slip, folded it as best she could, removed the wet pad, checking to see no one was spying on her, and changed. With the soaked pad in her hand, she looked for a place to hide it. Nothing. A completely empty room. Her blood smelled strong. Because it was forced out from fear, she thought. And it was such a strong odour, there was no way to hide it. They would be able to tell.

Someone whispered to her again. "Why are you here?" "I don't know," she answered. "They'll let you know soon enough," the woman with just one eye said aloud. "They'll rip you apart and then tell you why you're here." Lucrecia followed up with her own questions. Who? Why? What had she done? Where was she…?

Hours passed. They couldn't hear the screams any more. No one had said anything about them. A brightly lighted silence filled the hall and the room. She calculated that it must be very late at night.

sangre por la boca y era en esa locura lo único que Lucrecia reconocía y se aferraba a ese olor familiar para sostenerse en medio del vértigo...y preguntas "¿Quién sos vos...con quién te comunicás...qué hacías en la manifestación? ¿De dónde sacaste los panfletos que le diste a los pendejos...quién les imprime esa mierda? ¿Conocés a la Renata...adónde mandaron al cojudo? ¿A quién llaman el Mariscal?"...y la tironeaban y la golpeaban y ella no entendía porqué los golpes y los insultos y qué querían y cuánto dolor..."A ver ¿quién quiere a esta vieja puta, y encima, con la chorreadera?...¡Esta es para los perros!"...Lucrecia escuchaba risotadas..."guardémosela para el bizco a ver si le encuentra el agujero!" y risotadas y preguntas y puñetazos y patadas...no entendía nada, no sabía nada, no reconocía nombres, lo mismo Renata que Carmen que Mariscal, ¿qué tenía ella que ver con toda esa gente?, sólo reconocía el olor de su sangre ahora mezclada con la sangre de sus labios y de su cuerpo y de sus dedos pisoteados. Toda llena de sangre, de adentro y de afuera y cuánto dolor.

Despertó muchas veces pero muchas veces se derrumbó y otras no quería despertar. De alguna manera, en alguna otra parte, el mundo seguiría andando y ella ya no era la misma. Nunca lo sería. Abrió los ojos hinchados. Vio que nada había desaparecido. Una pared pintada de verde claro, un piso de baldosas amarillentas, una pieza vacía que ella había llenado de gritos y de olor. No la habían vuelto a llevar a la "amanzadora". Le traían comida y la llevaban al baño de vez en cuando. Se lavó como pudo en el baño que sólo tenía agua fría. Lucrecia no pudo orinar la primera vez porque no le permitían cerrar la puerta. Sentía esos ojos fijos, socarrones, siguiendo sus movimientos torpes al alzar la bata y descubrirse. Tenía tanta vergüenza que aunque ya estaba por reventar de ganas no pudo hacer nada. La llevaron de vuelta, insultándola por haber pedido ir al baño y no usarlo. Cuando la dejaron sola se hizo encima. Sentía tanto bochorno, tanta vergüenza, tanta humillación. La insultaron otra vez cuando trajeron un balde para que limpiara su orina mezclada con sangre.

La dejaron sola dos días o algo así. El tiempo se había desfigurado y era tan incierto como su vida. Después la trasladaron a un pabellón que llamaban "el de las subversivas". Cuando llegó había cinco

Footsteps. Someone was coming. She huddled into the back corner against the wall. They opened the door. "You bitch, get over here."

Lucrecia didn't understand. "You bitch." Someone in a blue shirt and pants, with a round face and a thick moustache yelled "You," and he kicked her and it would not be for the last time. They jerked her and pushed her, two, three times, four, five times and then, when she could hardly walk, they dragged her through two large rooms into a room at the far end. There they beat her not once or twice but again and again...They called the room the "corral of horrors", a place to break-in the mares. When they came for her, in her terror she had clutched the blood-soaked pad and she wouldn't let go for anything. When they realized what she was holding in her hand it first became an object for laughter and then for ridicule, "She's got the filthy curse...nasty...hands off...disgusting...look out or she'll get you dirty..."

No one had ever talked about her like that, had ever called her all the bad names she hated, used words that violated her, violated her private world. Then someone began beating her fiendishly and yelling filthy words, "you bitch, your mother's a slut, whore, big boobs, fat ass, suck me here, fuck yourself," and they squeezed her blood into her mouth, and in that last madness Lucrecia recognized and clung to that familiar odour to sustain herself in the midst of the nausea and the interrogation—"Who are you? Who you working for? What were you doing at the protest? Where did you get the pamphlets you gave those assholes...who prints that crap? You know Renata? Where did they send Big Balls? Who do they call Field Marshal?"—And they pulled on her and hit her and she couldn't understand why they were beating her, why the insults, what did they want, why all the pain? "Let's see who wants this old whore, and to top it off, with that crap pouring out? She's for the dogs!" Lucrecia heard peels of laughter. "Let's keep her for old Cross-eyes, see if he can find her hole!" and more laughter, more questions, fists jabbing her and feet kicking her...She didn't understand any of it, didn't know anything, didn't recognize any names, a Renata was the same as a Carmen or a Field Marshal. What did she have to do with those people? She only recognized the smell of her flow mixed with the blood from her lips and from her body and hands that had been

mujeres. Al entrar tropezando con los zapatos endurecidos por su orina y su sangre, la bata hecha pedazos, sucia, desgreñada, el cuerpo magullado, las miró con ojos desconsoladamente perdidos y las cinco mujeres vinieron hacia ella y la abrazaron.

crushed by heavy boots. Covered with blood inside and out, she felt horrible pain.

She would wake up, but just as often she fell on the floor—there were times she didn't want to wake up. Somewhere, somehow, the world would go on, but she wouldn't be the same. Not ever. She opened her swollen eyes and saw everything was as before. A pale green wall, a yellowish tiled floor, an empty room that she had filled with odours and with screams.

They didn't take her to the "corral of horrors" again. Occasionally they brought food and took her to the bathroom. She washed up there as best she could with the water available, which was cold. Lucrecia couldn't urinate the first time they took her because they wouldn't let her close the door. She felt the cold, cynical eyes following her awkward attempts to pull up her robe, uncovering herself. She was so embarrassed she couldn't do anything though bursting from the need. They took her back to her room, cursing her for not having done anything after asking to go. When they left, she felt the urine flow down her legs. She was so humiliated, so ashamed and mortified. They cursed her again when they brought a bucket for her to wash up her urine and blood.

They left her alone for what may have been two days, perhaps more. Time had lost shape; it was uncertain like her life. Then they led her to a cellblock they said was for subversives. When she went in, five women were already there. As she stumbled forward—her shoes stiff from urine and blood, her bathrobe in shreds, dirty, dishevelled, her body mangled—she looked at them with eyes lost in despair, and all the women gathered around her and embraced her.

La noche del laurel mudo

(Mar, aviones y cadáveres, con taconeo de milonga)

La flor giraba redonda
    sobre las horas angostas
mientras faroles sin uñas
    tragaban luna y cerrojos.
Por las calles se paseaban
    voces furtivas calientes.
Un aire de mar traía
    sal de metálicas algas.
El empedrado brillaba
    como una historia de pena
lleno de noches antiguas
    y agudos amaneceres.

Ella taconea fuerte
    como tambor enlunado
soñando sueño rizado
    al encuentro de su amado.
Temblorosa de azahares
    urgiendo rítmicos goces
sus pechos se le agrandaban
    como verbenas en flor.

Larga la noche larguera
    las horas encapuchadas
danzaban danzas oscuras.

Ella esperaba con labios
    como granadas en celo
el resonar de sus pasos
    trayendo huellas antiguas
que enmudecieran entonces
    como cigarras huidizas
la noche del laurel mudo.

The Night of the Mute Laurel

(Sea, planes, and cadavers, military heels clicking the milonga)

The flower turning full circle
    narrowed the hours
while street lamps with no claws
    swallowed moon and drawn bolts.
Heated, furtive voices
    strolled along the avenues,
While a sea breeze
    brought salt from metal algae.
The cobblestones gleamed
    their history of sorrows
packed with age-old nights
    and razor-sharp dawns.

She taps her heels hard
    like a moonstruck drum
dreaming dreams swirling
    with meeting her lover.
Tremulous in orange blossoms
    promising rhythmic pleasures
her breasts were growing larger
    like verbenas in bloom.

Lengthens the long night
    the long, hooded hours
the shadowed dances were dancing.

She was waiting, with her lips
    like grenades in heat,
hoping for his footsteps
    to echo ancient ones
that then might be muted
    like cicadas fleeing
the night of the mute laurel.

Ella esperaba a su amado,
los pezones encendidos
     como granizo de fuego,
su vientre de flor cuajada
     y el pubis de terciopelo
recordaban manos en llamas
     pelo enredado en caricias
vainas y piernas desnudas
     besos que la espigaron.

Las horas pasan corriendo
     como prófugos cencerros
y pájaros de la noche
     ciego farol picotean.

Ella no sabe que sabe
     que el que espera ya no viene.
Se lo llevaron la noche
     en que patrullas pusieron
agujas envenenadas
     en sus ojos de guerrero.

¡Ay! mujer enamorada
     mujer que todo lo espera
de la luz que ya no existe.
     Le trizaron toda la vida
como a un espejo de acero.

Las lágrimas queman la noche
     ¡Ay, las manos llenas de sal!

She was waiting for her lover,
her nipples inflamed
        like fiery hailstones,
as her womb with its jelled flower
        and her pubis of velvet
remembered hands ablaze
        hair tangled in caresses
sheaths and legs bared
        that ripened her with kisses.

The hours are speeding by
        like sheep bells on the run
and night birds are pecking
        at a blind street light.

She doesn't yet she does know the one
        she waits for no longer comes.
They took him away on the night
        the patrols pierced
his eyes of a fighter
        with needles of poison.

Oh woman in love,
        woman who waits for everything
from a light that no longer exists.
        They have shredded your whole life,
your mirror of steel.

Tears burn the night.
        Oh, hands full of salt!

Consecuente verdad

La historia cruje como hoja seca,
y desprende
arrasada por un nuevo, prístino sentido.

Aquel ser que vivía como objeto
salta a la arena como el sujeto más preciso.

No desde el centro prometido
desde todas las astillas del espejo hecho pedazos.

A Consequential Truth

History rustles like a dry leaf,
and detaches
swept away by a new, pristine sense.

And that being which used to live as an object
leaps to the sand like a precise, individual subject.

But not from the promised centre
from all the shards of the broken mirror.

El olvido viaja en auto negro

Lentamente, como si tuviera la intención de mostrarse de a poquito, el auto negro dobló desde la derecha entrando en la calle como si no necesitara permiso, como si la calle fuera suya. Entró con la autoridad del dueño, rebenque en mano golpeándose las botas, con la insolencia del prepotente que mira despacito porque sabe que tiene los bolsillos llenos, la panza llena, la estancia llena de peones y la cama llena de sirvientas. Con la lentitud de paso fuerte y pesado del que tiene la milonga y la guitarra.

Julito dejó de jugar a la pelota y miró con seriedad al auto.

Lentamente, como si no tuviera la intención de mostrarse más que de a poquito, el auto negro dobló desde la derecha entrando en la calle como si necesitara permiso, como si la calle fuera de otro y pidiera disculpas por entrar así nomás, sin invitación. Entró con la timidez del que no tiene mucho, tentando el camino de a poco como evitando la patada que lo sacará de golpe, con los ojos bajos del que mira despacito porque se sabe fuera de lugar. Con la lentitud de paso tentativo, el por si acaso, dale, sacá esa carcaza de aquí. Pero al que le crece la furia en el pecho y está a punto de explotar.

Yolanda vio al niño que había recogido la pelota, al auto negro que había doblado la esquina y dejó caer la cortina que sólo momentos antes había levantado.

Lentamente, como si tuviera la intención de mostrarse de a poquito, el auto negro dobló desde la derecha entrando en la calle como si todavía quisiera seguir escondido, sabiendo que esta calle no era la suya. Entró como espiando, con la vulnerabilidad del que se sabe perseguido, del que mira despacito porque no sabe de dónde vendrá el golpe. Con la lentitud de paso del que busca refugio, protección, el que tiene ganas de escaparse y sin embargo también se contiene. El que mira cada piedra, cada árbol, cada casa y calcula el próximo viraje temeroso de terminar contra el paredón.

Lucía creyó ver a la mujer de la casa de enfrente al dejar caer la cortina, vio al niño que jugaba a la pelota y al auto negro que dobló la esquina.

Lentamente, como si tuviera la intención de mostrarse de a poquito para dar la gran sorpresa el auto negro dobló desde la

Oblivion Travels in a Black Car

Deliberately, as if intending to be seen a little at a time, the black car turned into the street from the right, entered like someone who needs no permission, as if in charge. Entered authoritatively like the owner tapping his boots with his whip, scornful like the powerful figure looking around with his pockets full, his belly full, his ranch full of peons, and bed full of maids, and leisurely, with the hard, heavy step of one who dances the milonga and plays the guitar.

Young Julio stopped playing ball and looked at the car with a serious expression on his face.

Deliberately, as if not intending to be seen more than a little at a time, the black car turned into the street from the right, entering like someone who needs permission, as if the street belonged to others and it was necessary to ask to be pardoned for just coming in like that, uninvited. Moving timidly like one who doesn't have much, as if sort of feeling the way, as if to avoid being kicked out, eyes lowered, like one who's looking around a bit, feeling out of place. Moving at a slow, tentative pace, just in case voices started yelling— get out, haul that carcass out of here—but holding a growing, explosive fury deep inside.

Yolanda, seeing the child who picked up the ball, seeing the black car that had turned the corner, dropped the curtain, which she had raised only moments before.

Deliberately, as if intending to be seen a little at a time, the black car turned into the street from the right, entering like someone still wanting to be hidden, as if feeling out of control. As if spying, sensing the vulnerability of someone aware of being followed, as if looking around, not knowing where the blow will come from. With the delayed step of someone seeking cover, protection, wanting to escape, yet also holding back. As if looking at every rock, every tree, every house, calculating the next turn, afraid of ending up against the wall facing the firing squad.

Lucia thought she saw the woman in the house across the street drop the curtain; she saw the child who was playing ball and saw the black car turn the corner.

derecha entrando en la calle como si respirara polvo de estrellas, como si la calle se hubiera vestido de fiesta para recibirlo. Entró con la vanidad del que se sabe admirado, con la audacia del halagado que mira despacito porque se sabe conquistando a todos los que están detrás de las guirnaldas, las serpentinas, el papel picado. Con la lentitud de paso del que se sabe privilegiado, del que tiene zapatos nuevos de charol sobre las botas de soldado súbitamente promovido, del que dirige la comparsa y puede hacer cantar a los que caen en sus manos.

Petronila venía de la panadería, reconoció a Yolanda y a Julito y cuando se apresuraba a llegar a la casa de Lucía el auto negro dobló la esquina.

Lentamente, como si tuviera la intención de mostrarse de a poquito, arrastrándose por el pavimento el auto negro dobló desde la derecha entrando en la calle como si no quisiera que lo vieran, como si la calle fuera un lugar lleno de luces que quisiera evitar. Entró con el sigilo de la clandestinidad, como si quisiera ponerse un par de anteojos ahumados, con el silencio de la infidelidad, la humillación de traicionar, la inseguridad del que mira despacio porque sabe que lo pueden descubrir o del que silba bajito, haciéndose el desentendido. Con la lentitud de paso del que tiene cola de paja, del enredado en mentiras, del delator y el vendido.

María del Carmen dejó de leer el libro, lo cerró con impaciencia y se levantó a tiempo para ver al niño dejar de jugar, a la mujer de enfrente mirando como buscando respuestas que presentía trágicas y al auto negro doblar la esquina.

Lentamente, como si tuviera la intención de mostrarse de a poquito, el auto negro dobló desde la derecha entrando en la calle como si fuera el primero de una larga procesión, como si la calle fuera el tránsito a una eternidad con clase, como si la calle sólo fuera un accidente plebeyo. Entró con la solemnidad del prestigio, con olores de una extensa tradición, con la mirada siempre en lo alto con las cejas más altas aún, del que mira despacito porque todo lo demás está debajo de él. Con la lentitud del paso funerario que va dejando una historia esculpida en el asfalto que no coincide con la historia.

Deliberately, as if intending to be seen a little at a time, so as to give them a big surprise, the black car turned into the street, entering as if inhaling star dust, as if the street were dressed for a welcoming party. Came with the vanity of those who know what it is to be admired, with the brashness of one flattered, who looks around just a bit with the assurance of winning over everyone behind the garlands and paper streamers and confetti, and with the leisurely step of those of privilege, who wear new patent leather shoes over suddenly promoted soldier's boots, who lead the comparsa and can make all the others dance.

Petronila was coming from the bakery; she recognized Yolanda and Young Julio, and as she hurried to get to Lucia's house, the black car turned the corner.

Deliberately, as if intending to be seen a little at a time, dragging along the pavement, the black car turned into the street from the right, entered like one who didn't want to be seen, as if the street were a place filled with lights to be avoided. Moving with clandestine caution, like one wanting to put on dark glasses, in a silence of infidelity and humiliating betrayal, with the uncertainty of one who looks around a bit, knowing discovery is possible, or who whistles quietly, pretending not to know. With the measured step of one who drags a straw tail, the step of an informer, of one involved in lies, of one who sold out.

Maria del Carmen stopped reading her book, slammed it shut, and stood up just in time to see the child stop playing, the woman in the house across the street look around as if searching for answers she foresaw to be tragic, and in time to see the black car turn the corner.

Deliberately, as if intending to be seen a little at a time, the black car turned into the street from the right, entering as if the first in a long procession, as if the street were the way to a high-class eternity, as if the street were just a mistake of the common people. Came with pretentious solemnity and the airs of a lengthy tradition, the sight always set high and the eyebrows raised even higher, like one who looks around a bit because all the rest are of a lower class. With the slow pace of the funereal step that leaves behind, engraved in the asphalt, a history that doesn't coincide with history.

Soledad González suspiró al cerrar las persianas, al ver al niño recoger la pelota, al ver a Petronila venir de la panadería y al ver al auto negro doblar la esquina.

Lentamente, como si tuviera la intención primera de mostrarse de a poquito, el auto negro dobló desde la derecha entrando en la calle y definitivamente se plantó cuerpo entero, con ametralladoras y decretos. Entonces ellas supieron. Vestidas de compañeras, madres, hijas, amantes, esposas, amas de casa, profesionales, las mujeres habían visto venir en auto negro las consecuencias de un compromiso militante.

Cuentan que el silencio, el polvo, lo que no se quiere decir, el olvido meticulosamente fabricado—lo que hace voltear la cabeza como si mirando para otro lado los hechos dejaran de existir—han cubierto la calle Quintana; y que Yolanda, Lucía, Petronila, María del Carmen y Soledad González quedaron petrificadas en las estadísticas oficiales en el gesto de mirar al auto negro. Julito, que llegó a tener un taller mecánico en un barrio de otra ciudad, cada vez que le toca arreglar un auto negro siente como algo en el estómago, como si estuviera lleno de gritos de mujeres y trabaja afanosamente para olvidar lo que insisten que no existió.

Soledad Gonzalez sighed as she closed the blinds when she saw the child retrieve the ball, saw Petronila come out of the bakery, and saw the black car turn the corner.

Deliberately, as if first intending to be seen just a little, the black car turned into the street from the right and definitively planted its entire body there bearing machine guns and decrees. Then they knew. The women, dressed like compañeras, mothers, wives, daughters, lovers, housewives, and professionals, saw the consequences of militant commitment in a black car.

They say Quintana Street is covered in the silence and dust of a meticulously manufactured oblivion—obliterating all of the things that can't be talked about, things that make the head turn away, as if, by not looking, the events would no longer exist—and that official statistics have frozen the figures of Yolanda, Lucia, Petronila, Maria del Carmen and Soledad Gonzalez while they were looking at the black car.

Now Young Julio, with his own auto repair shop in another neighbourhood, in another city, whenever he's working on a black car, has the sensation in his stomach of voices screaming, while he struggles to forget what they insist didn't happen.

Tiempo de permanencia

Acaso de un perfume que desnuda
Acaso de un viento que vacila
    si batir adioses
    si agitar los siglos.
Voluntad que aspira a ser de mar abierto.
Voz que exige espacio destejiendo la trama que sofoca.
Conciencia de sí misma
reclamando la historia que construye.
Eco de vidas silenciadas
alinéandose en rutas todavía sin trazar.

Mujer, es tu tiempo de relámpago
    y de permanencia.
Arqueóloga de la escritura de tu sexo
rescata la garganta que derrumba olvidos.

A Time for Permanence

Perhaps from a perfume that strips away all else
Perhaps from a wind that hesitates
     to whip out goodbyes
     or stir up centuries
A will aspiring to be an open sea
A voice demanding space, unravelling warp and weft that smothers.
A consciousness of yourself
reclaiming history that constructs.
An echo of silenced lives
lining paths still not drawn.

Woman, it is your time to be a lightning flash
     and a time for permanence.
Archeologist into the scripture of your sex
rescue the throat that annihilates oblivions.

María de la Victoria

Los que saben, dicen que la montaña grita algunas noches. Es una historia no muy vieja, arrinconada como el polvo del silencio. Pero ha llegado hasta aquí, y hay noches en que la gente se tapa con una manta para no escucharla.

Fue en el tiempo en que llegaron las avispas atacando el valle. Era una nube tan espesa que el sol parecía haberse puesto. Llegaron y se apropiaron de todo. La gente corría sacudiendo los brazos porque el vuelo era certero. No respetaban las puertas cerradas, ni las ventanas, ni las chimeneas ardiendo. Ni siquiera los cántaros de agua fresca, ni los juegos de los niños. Los cuerpos, llenos de pinchazos, tomaban formas extrañas y a las madres les era difícil reconocer a sus hijos. Se celebraron reuniones y se decretaron drásticas medidas. Incendiarían el pueblo. Como las avispas se metían en las ropas se prohibió la fuga individual. Debía evitarse a toda costa que las avispas, prendidas en sus mantos, se propagaran a otros lugares. Se quedarían hasta la hora exacta del incendio.

María, que luego fue llamada María de la Victoria, era la encargada de la antorcha. Las avispas se sumaban unas a otras y formaban barreras difíciles de pasar. Se corrían secretos entre la gente que las avispas parecían adivinar y arreciaban con gran voracidad y se ensañaban sin discriminación. La gente no comía para no tragarse a ninguna y así languidecían y el pueblo estaba agotado de correr y no comer. María, que luego fue llamada María de la Victoria, llamó a todos a la plaza mayor. Llegaron casi arrastrándose y deformados y listos para cumplir con lo decidido. Se quedarían hasta la hora exacta del incendio. Se encendió la antorcha y el fuego corrió como agua por las calles, sobre la gente, sobre las casas, sobre las avispas. Todo el pueblo a una, en la cima, como una montaña en llamas. Por eso dicen que la montaña grita algunas noches, sobre todo cuando el sol, al ponerse, la desnuda con el rojo.

La otra gente, la que siempre mira desde el borde de sí misma, no quiere recordar que los que se quemaron dejaron la tierra lisita y sin avispas. Es más fácil, cuando la montaña grita, taparse la cabeza con la manta.

Maria de la Victoria

Those who know say that some nights you can hear the mountain scream. It isn't a very old story, but it gets wiped aside like the dust of silence. Even so, it has reached here, and there are nights when people cover their heads with a blanket so they won't hear the mountain scream.

The story is from the time when wasps took over the valley. They made such a dense cloud that the sun seemed to have set. The wasps came and attacked everything. People would shake their arms as they ran, because the wasps hit their targets in flight. They paid no attention to closed windows or doors or burning fireplaces. They didn't even respect the jugs of fresh water or the children playing. Everyone was a mass of stings, their bodies taking on strange shapes, and even mothers found it difficult to recognize their own children. In the town meetings people were determined to take drastic measures: to set the town on fire, and because the wasps hid in their clothes, they ruled individual flight illegal. For their decisions some labelled them subversives. But at any costs they had to prevent the wasps from being carried elsewhere to propagate. Everyone was to stay there until the exact time for the fire to be set.

Maria, later called Maria de la Victoria, was in charge of the torch. The wasps had grown so great in number they were piled on top of each other and formed barriers difficult to cross. Rumours were circulating that the wasps were reading people's minds. For that reason they became so enraged that they would vehemently attack anyone at all. Some people stopped eating for fear of swallowing a wasp, and they were getting weaker, exhausted from running all the time and never eating. Maria, later called Maria de la Victoria, called everyone to the main plaza. They dragged themselves there although in terrible physical condition. They were ready to carry out the plan: they would all stay together until the time to set the fire. Some would later say they were heroic, others insane. The torch was lighted and the fire spread like water through the streets, over the people and the houses and over the wasps; they made a single mound, like a mountain in flames. That's why some people say there are nights you

can hear the mountain scream, especially when the sun is setting and lays it bare with its red glow.

Others, those who always peer out into the world from within their own borders, don't want to remember that the ones who died in the flames left the land clean and free of wasps. For them it's easier, when the mountain screams, to cover their heads with a blanket.

Dicen que la niña ha vuelto

tarde de luna temprana
        calles llena de gente
        callejones de penumbra
la niña camina sola

ojos turbios la persiguen
        oculta la cara fea
        ¡la niña camina sola
con ojos que la persiguen!

la escuela ya está muy lejos
        la casa se cerca lenta
        los ojos ya tienen manos
la niña camina sola

paredes que se entrechocan
        parecen garganta oscura
        los pasos ya se apresuran
la niña camina sola

salto de olas furiosas
        estruendo de sofocado terror
        las manos buscan la carne
de la niña que andaba sola

aliento de fragua quemada
        endurecido pene de fuego
        busca atrevido las piernas
la niña sola en el suelo

busca desgarra atraviesa
        agudo dolor de espadas
        corta a la niña vencida
la niña vejada sola

They Say the Girl Has Come Back

evening with an early moon
    the streets full of people
    the alleys of dark gloom
the girl walks alone.

troubled eyes pursue her
    hidden the ugly face
    the girl walks alone
joined by eyes that pursue her!

school is now far away
    home draws slowly nearer
    the eyes by now have hands
the girl walks alone

walls that close in and clash
    seem like a dark throat
    steps are now in a hurry
the girl walks alone.

a leap of furious waves
    a gasping in stifled terror
    the hands searching the flesh
of the girl who walked alone

a breath of scorched anvil
    a hardened penis of fire
    daring to search the legs
of the girl alone on the ground

it searches rips open pierces
    the sword's sharp pain
    slashes the girl now conquered
the violated girl alone

. . .

Hace rato que la luna
　　　ya puebla la noche entera.
　　　La gente busca a la niña
entre sollozos de pena.

¡Las madres trenzan sus manos
　　　para proteger a sus hijas
　　　los padres sofocan gemidos
que cortan más que cuchillos!

La gente ahogándose grita
　　　¡aquí la niña que viene
　　　trayendo la falda blanca
cubierta de sangre negra!

La gente llora diciendo
　　　la niña tiene lágrimas secas
　　　en las azules mejillas
abiertas en huesos rotos.

¡Dicen que la niña corre
　　　silencio enredado en el pelo
　　　abiertos ojos perdidos
que cubren manos llenas de gritos!

y la niña que viene mira
　　　enloquecida de asombro
　　　semen y sangre corriendo
entre sus piernas heridas.

¡Aquí la niña que viene!

. . .

For while the moon fully
     peopled the night
     the village looked for the girl
sorrowfully sobbing

Mothers braid together their hands
     to try to protect their daughters
     fathers smother their cries
that cut sharper than their knives!

Choking, people scream
     here's the girl come now!
     wearing her skirt of white
stained by wretched black blood

Crying, people exclaim
     see the girl's dried tears
     her cheeks turned blue
cut open by broken bones.

They say the girl is running
     silence tangled in her hair
     glazed eyes open
covered by scores of screams!

and the girl that comes back looks
     crazed by the sight
     of bloody semen running
between her wounded legs.

here's the girl, she's come back!

Mujer de tiempo

Con tu voz, mujer de tiempo,
asciendo o desciendo en el laberinto vertical.

Un instante, un desorden de siglos
las lindes dentadas de la historia,
traen el cuerpo que emerge como voz.

En los vientres lunares, la marea empuja
hacia la gravedad del centro, el útero,
donde la sangre reposa
y hay ecos de pasos convergiendo en vida.
De los íntimos abismos de la carne
la pubertad desciende como río vegetal
desbordándose en los albores de los muslos.
Luego el vacío se revierte, habita el agua
y el mundo crece en estrechas generaciones.
Entre los veloces giros del derrame
el cuerpo va envejeciendo
hasta que con un signo de adiós
llega a la última marea y reina sobre el mar.

La voz adquiere una pasión madura
un disponer de ansiosos vuelos
y aunque la vida larga se hace breve
no acorta la pujanza de las huellas.
Encerrada en los silencios
hay una voz de huracán en las venas
intensa en su fluir de presencias.

El laberinto vertical erige su cabeza
desde las cambiantes raíces conmovidas.
En la apertura aún sin forma, indescifrable,
las múltiples corporalidades de la vida
celebran en su cáliz la exclusividad efímera.

Woman of Time

With your voice, Woman of Time,
I ascend and descend the vertical labyrinth.

One moment, a jumble of centuries,
the toothed edges of history,
and the body emerges as a voice.

In the lunar wombs, the tide impels
the uterus, its blood at rest,
toward the centre of gravity,
and echoing steps converging into life.
From the intimate abysses of the flesh
puberty, a vegetal river, descends
pouring into the dawns of the thighs.
Emptiness reverses, the water inswells
and the world increases in close generations.
Among the swift turns of the stream
the body is gradually growing old
until it signals goodbye as it reaches
the last tide and reigns over the sea.

The voice attains a matured passion
and thwarts flights of anxiety
and though a long life may be cut short,
that doesn't cut the power of its imprints.
Enclosed within the silences
is a hurricane voice within the veins
intent upon its flow of presences.

The vertical labyrinth raises its head
from the volatile, disquieted roots.
In the still formless, mystifying opening
multiple incarnations of life celebrate
within each calyx an ephemeral uniqueness.

Isabel, en la ocasión solemne

A Elizabeth Gamble Miller

El texto intocado
       una boca abierta de misterios.
De las páginas emerge un suave resplandor
que la seduce.
Desea reconstruir los pasos del poeta
descubrir el latir de la voz y de la letra
       revelación de sombras paralelas.
La transformación en sus manos
es una ocasión solemne
de aromas volátiles,
       una anunciación de mirtos,
en la que los textos coexisten
—el suyo y el otro—
dispersándose y convergiendo
en una fidelísima oscuridad
que los transciende.

Isabel, on the Solemn Occasion

To Elizabeth G. Miller

The text intact
        an open mouth of mysteries.
Rising from the pages is a soft glow
          that will seduce her
with a desire to recreate the poet's steps
to discover the heartbeat of the voice and lyrics
          an unveiling of parallel shadows
to bring them from the original tongue
to travel foreign lands.
The transformation
is a solemn occasion
with celebratory aromas
         an annunciation of flowering myrtle
where texts coexist
—yours and the other one—
scattering and converging
within an ever faithful obscurity
       that transcends them.

El espacio de la luz

Se detuvieron a la entrada de la ciudad. El acueducto, los techos del color de las naranjas maduras, torres, árboles, los campos abiertos. La miraron por un largo rato, en silencio. Todavía no conocían sus voces recordando y no sabían qué iban a hacer cuando se escucharan. Ella buscaba mil comienzos y él también. Luego descubrieron que nunca habían dejado de hablar. Pero eso fue más tarde, cuando el tiempo ya no contaba como una muralla que dividiera espacios. Ahora juntaban poco a poco sus historias en sí mismos preparando distintos modos de acomodar la vida que habían vivido separados, trayendo cada uno un tiempo que le era desconocido al otro. Ansiedad por compartir esa larga ausencia en la que labraban la imagen del ausente y que ahora era difícil confrontar; la hora del desafío laboriosamente construida en la historia que los contenía y los separaba y los contenía desde hacía mucho tiempo y que ellos mantenían con entrañables silencios.

La ciudad los esperaba. Ellos todavía no lo sabían: en la historia de esas piedras ellos dejarían escrita ésta otra. Y ellos, con una inocencia que los unía más allá de la ingenuidad, no lo sabían. Venían como peregrinos, alegres por encontrarse en el camino, inquietos por desconocer el final de la ruta. En el aire había una sensación de encuentro. Con seriedad, no solemnes sino apreciativos y confiados, se acercaron a los arcos mucho más altos desde esta perspectiva del camino que se adentraba en la ciudad. Cruzaron los arcos y la ciudad se les abrió en calles y callejuelas, en casas bajas con ventanas cerradas y con ventanas abiertas, en casas altas con macetones de geranios florecidos colgados de balcones y de paredes recién pintadas o descascaradas. Lo nuevo y lo viejo. Desde el empedrado a las antenas de televisión. Los mundos que se encontraban y convivían sin asustarse, como esas historias que estaban dentro de ellos y que todavía no habían compartido. Sin embargo, de alguna manera todavía intangible, convivían lo que ignoraban. El eligió el camino hacia la plaza. La fuente, el café al aire libre, la mesa al sol. Ella eligió la luz y se la ofreció. Los cabellos grises se encendieron y los ojos francos chispearon con la alegría que ella conocía. Había recibido sus

The Space of Light

They stopped when they reached the gateway to the city. The aqueduct, the towers, tiled roofs the colour of ripe oranges, trees, open fields. They stood looking in silence for a long time, not knowing how their voices would sound as they remembered the past, or how they would act as they listened to one other. She was searching among a thousand ways to begin, and so was he, then to discover they'd never stopped talking. But that was later, when time no longer seemed to be like a wall dividing spaces. For the moment, they withheld their stories, still planning ways to situate the lives they had lived apart, to tell of a time unknown to the other. An anxious eagerness to share that long absence when each was building an image of the other, an image now difficult to face; time for the challenge laboriously evolved in a history that included and separated them and had held them for a long time, a history they maintained in intimate silences.

The city was waiting for them. As yet they didn't know, but they were to leave this story written in the history of those stones. They couldn't know, having been brought together by an innocence deeper than naiveté. They were coming as pilgrims, happy to be meeting, uncomfortable from not knowing the end of the road. The feeling of an encounter was in the air. In a serious but not solemn mood, grateful, trusting, they approached the arches, much higher now from this new perspective, from the street inside the city. As they crossed under the arches, the city lay open to them, in avenues and narrow streets, in one-storey houses, their windows shut and windows open, in two-storeyed houses, their flowering geraniums hanging from balconies, and with freshly painted walls or walls peeling and crumbling. The new and the old. From cobblestones to television antennas. Worlds met and lived together fearlessly, like those stories inside the two of them, which they still hadn't shared. However, in a certain intangible way, they were together in living what they didn't know. He chose the path toward the plaza. The fountain, the outdoor cafe, a table in the sun. She gathered the light and gave the light to him. His gray hair caught the light, and his frank

pasos como si él se hubiera ido adentrando a ese espacio que ella tenía dentro de sí, al que llamaba su historia; y ahora esa historia misma era como una plaza hacia donde él encaminaba los pasos y se sentaba al sol, al calor de su palabra y la escuchaba desde allí.

Ella habló. Tiempos y calles de una ciudad remota y conocida, adolescencia de estudiantes enamorados de las palabras, de los colores y quizás de ellos mismos; almendros en flor que desprendían un perfume denso, tan penetrante que todavía los envolvía; juventud difícil, de compromisos no bien entendidos y posturas ideológicas exigidas tan temprano, cuando todavía no habían aprendido a vivir. Hablaba y, apaciblemente, la vida de ella se iba acomodando en los techos nuevos, viejos, en los geranios florecidos de esta ciudad que los esperaba sin ellos saberlo, y se sintió bienvenida en los ojos de él y en las piedras de la calle. Hablaba con voz lenta para que él entrara en los espacios que dejaba abiertos en sus pausas. Porque había una parte de la historia que no los vio juntos, ella hablaba casi susurrando y dejaba salir cada palabra con sonido impalpable pero vibrante en su desenvolver días y noches de lágrimas contenidas por un amor roto que él no conoció, las horas humilladas, las promesas no cumplidas. Las noches y los días en que la persecución por ideas que nunca sabría si habían sido totalmente de ella o de los tiempos, le habían atado las manos a este temblor que no la dejaba. Envolvía las palabras en la mansedumbre de su ritmo pausado, tomándolas en sus manos y dibujando vaya a saber qué ropajes que las protegieran con dulzura, para que ella no fuera herida una vez más, para que él la recibiera cuando ella estaba metida en sus propias palabras, para que al escucharla, él la llevara dentro de sí, casi sin darse cuenta, como el aire que se respira, como la luz que se bebe. Y desde las raíces de aquel tiempo que no compartieron, desde el calor de su cariño inamovible por este amigo metido en la piel, ella fue hablando así, esculpiendo en el aire las palabras para él, con gestos amplios como los arcos del acueducto. Le contó de las flores que se marchitaron en una boda que los separó a los dos, los lagos que se secaron porque la vida con el otro la había ahogado hasta la arena y de la soledad como un grito recordando la vida del niño que murió en sus brazos. Le contó de los ríos que se desbocaron y arrastraron los días que ella no quería vivir. Y él la miraba hondamente en esa plaza que ya no se sabía si

eyes sparked, displaying the joy familiar to her. She welcomed his steps into the intimate space she called her history; and now that very history was like a plaza he was walking toward, and he was sitting down in the sun, in the warmth of her word, listening to her from there.

She spoke. Times and streets in a familiar, distant city, an adolescence of students in love with words, and colours, perhaps with themselves; flowering almond trees exuding heavy perfume, so penetrating it still enveloped them; a difficult adolescence with promises ill-understood and ideological postures demanded much too soon, before they had learned to live. As she spoke, her life quietly found its place under the roofs that were new and old, with the flowering geraniums of this city that had been waiting for them without their knowing, and she felt welcome in his eyes and in the cobblestones. She spoke slowly so he would enter the spaces she left open in her pauses. Because they hadn't experienced part of her story together, she almost whispered, each word slipping out with a tenuous but vibrant sound in her unfolding of days and nights of repressed tears, from a broken love unknown to him, times of humiliation, of promises broken. Days and nights persecuted for the ideas she could never know whether wholly hers or of the times, and which had bound her hands in this constant tremor. She swathed her words in the gentleness of their measured rhythm, holding them and designing some kind of tender covering to protect them so she wouldn't be hurt even one more time, so he would receive her while she was within her own words, so when he heard her he would take her to himself, almost unaware, like breathing air, like bathing in light. And taking the roots of that time they hadn't shared, and the warmth of her undying affection for this friend under her skin, she continued sculpting words in the air for him, with broad sweeps like the aqueduct's broad arches. She told him of wilted flowers at a wedding that separated the two of them, lakes that dried up because that life was burying her in the sand, choking her, and of the loneliness of a scream remembering the life of the child who died in her arms. She described rivers overflowing and sweeping away the days when she didn't want to live. And he looked deeply into her on the plaza which might or might not belong to the city or which might

pertenecía a la ciudad o era ese espacio dentro de ella misma que lentamente se iba iluminando con la luz dorada. Ella le contó de los días fríos en los que recordaba todos los momentos que nunca existieron entre ellos dos porque habían sido destruídos sin saberlo por un ramo nupcial de rosas color té. Esos momentos que ella se inventaba con la certeza de que él, al mismo tiempo, vaya a saber en qué tierra lejana se los imaginaba también, y allí, en ese espacio que no pertenecía a ninguna parte, lo encontraba siempre con una mirada franca y clara que la bañaba con dulzura. Y ella recordaba que se aquietaba como un pájaro que busca la posición cómoda en la rama más aguda y se aprestaba a pasar la noche y descansaba en los brazos que la desconocían.

Dejaron el café y caminaron por las callejuelas que siempre encontraban una escusa para formar un recodo: al final estaba la sorpresa, porque nunca se podía adivinar qué hallarían, siempre había que doblar, para un lado o para otro, como la vida. Las calles desafiaban la estricta geometría y jugaban con las líneas. Ella le habló del misterio de nunca ver el final de la calle y de la hermosura del misterio proveyendo la sorpresa que los mantenía felices en esta amistad casi subterránea que los unía. Siempre habría, se decían casi reencontrados en una ambiguedad que perfilaban, este camino que pareciera ir en línea recta y sin embargo siempre se quebraba al final para ofrecer lo inesperado. Caminaron por las piedras de las calles que hacían desparejos sus pasos. El habló. Le contó la historia que ella desconocía que contenía luchas y heridas, los días en que le faltaba el pan y tenía amigos que lo amaban; enormes frustraciones y alegrías restauradoras; éxitos, desafíos, malentendidos y traiciones. Le habló de su soledad y de su espera; de la resignación y de una vida nueva encontrada en sus hijos; de su trabajo y de sus ilusiones; de viajes insospechados porque su vida estaba en peligro en un tiempo en que el peligro era una manera de vivir. Le habló de amigos que perdió, que sufrieron la violencia por amar la libertad. Le habló de una conversación que mantenía con fantasmas que siempre llevaba consigo. El caminaba lentamente y se detenía cada cinco o seis pasos para terminar una frase, como si pusiera puntos suspensivos o un signo de admiración interrogante y sonreía. Hablaba de cosas tristes y malditas y terribles y sonreía. Ni aún los nubarrones más negros

be that other space inside her being gradually lit by a golden light. She told him of cold days when she would remember all the moments that never existed between the two of them because they had unwittingly been destroyed by a wedding bouquet of tea-roses. She described the moments she used to invent with the assurance that he, at the same time, in whatever faraway land, was also imagining them, and there, in that space that belonged nowhere, she found he always had a frank, open gaze that bathed her in tenderness. And she remembered how she would always become calm, like a bird that seeks a comfortable place on the slenderest branch and hastens to spend the night, to rest on the arms that had never known her.

They left the cafe and walked along narrow streets that invariably found a reason to form a hidden pocket: at the end was a surprise; you could never guess what you might find as you turned to one side or another, just like in life. The streets defied strict geometry and played with the lines. There was a mystery in never seeing the end of the street, and the beauty of a surprise that the mystery offered, one that kept them joyous in this almost subterranean friendship they were sharing. There will always be this path, they agreed, almost rediscovering each other in the ambiguity they were describing, this path which would seemingly go in a straight line and nevertheless would always break at the end and bring something unexpected. Walking on the cobblestones made their steps uneven.

He spoke. He told her the history she didn't know, a story of fighting and getting wounded, days without bread but with friends who loved him; enormous frustrations and restored joys; successes, challenges, misunderstandings, betrayals. He told of his loneliness, his waiting, his resignation, and the new life he found in his children; of his work and his hopes; of unplanned trips, his life in danger, at a time when danger was a way of life. He spoke of friends he lost, who suffered their fate because they loved liberty, and of his ongoing conversation with ghosts he always carried with him. He was walking slowly and he stopped every five or six steps to end a sentence, as if to suggest it wasn't concluded, or to add an exclamation point or a question mark, and he was smiling. Talking of sad, terrible, damnable things, and he was smiling. Not even the darkest clouds could have

hubieran podido cambiar la luz que los rodeaba. Los ojos francos siempre abiertos como una ventana por la que sólo ella podía entrar.

Hubo un momento en que los dos hablaron casi al mismo tiempo para compartir el encuentro de un amor nuevo en sus vidas. Llegó un momento en que la caída parecía definitiva, se dijeron y, sin embargo, en el dolor y en la sed por comprensión y ternura ambos habían encontrado en otros seres paz y amor. Y se alegraron sinceramente por la felicidad del otro, aunque todavía, o quizás siempre, habría una pregunta detrás de la sonrisa.

Subieron por la calle más pronunciada y en lo alto encontraron la enorme construcción, lujosamente llena de historia, alojamiento apetecido de una monarquía que existía en los libros y en romances y en poemas que nunca fueron escritos en esa tierra de la ciudad dorada. Ella entró en el patio encolumnado, donde antaño se abrirían puertas y ahora estaba amurallado. El se quedó a la entrada y le dio tiempo a que ella recorriera las columnas con dedos temblorosos, tocándolas como ave de paso, dando vueltas con su falda amplia, alejándose y desde allí mirarlo, buscándolo, encontrándolo en el umbral del patio, sabiendo que él estaría allí. El la miró. Y ella vio al bachiller de los tiempos de los almendros en flor, con ropajes tímidos, una toga larga de sueños entrevistos cubriendo su esbeltez, leyendo un libro de tapas negras y canto rojo que siempre contendría sólo a una heroína de quien ella pretendía desconocer el nombre. Vio que el adolescente aquel caminaba cruzando el patio hacia la última columna, con pasos medidos, con pasos que se resistían a recorrer espacios para que no se acabara el pasaje, para no agotar el encuentro, pero eran pasos que recorrían un tiempo que había sido, en el que el bachiller leía la historia de la única heroína y no tenía más remedio que pasar. El joven desapareció entre las columnas y se esfumó en la memoria de una plaza de palmeras y de almendros. Y él la llamó no desde allí sino desde este patio y era como un hilo que tendiera para recoger su mirada, la de entonces, pero se confundían y las sonrisas y las miradas no sabían cuál era su presente verdadero.

Tratando de acompasar los pasos continuaron recorriendo galerías y pasillos en los que había pinturas y retratos de gente que no conocían, de capas largas y oscuras y plumas y mortajas. Reyes,

changed the light around the two of them. His frank eyes always like an open window only she could enter.

At one point they almost spoke at once to share their experiences of a new love in their lives. There was a time when an utter collapse seemed final, they confided, and yet in the pain and thirst for understanding and tenderness both had found peace and love in other persons. And they were sincerely delighted by the other's happiness, although still, and perhaps always, there would be a question behind the smile.

They climbed the steepest street and, at the top, found an enormous construction, flush with history, a dwelling desired by a monarchy that lived in books and ballads and in poems never written in that land of the amber city. She entered the columned patio where in earlier times doors opened, which now was walled in. He stayed at the entrance to give her time to walk by the columns, her fingers trembling, touching them gently like a bird in flight, turning again and again, the circle of her skirt swinging around, she drew away to look at him from there, search for him, find him at the entrance to the patio, knowing he would be there. He looked at her. And she saw the young man with the flowering almond trees, timid clothes, a long toga of glimpsed dreams covering his slender figure, reading a book bound in black with red edges, which contained only one heroin whose name she would pretend not to know. She saw that the youth was crossing the patio toward the last column, with measured steps, steps dragging so the walk wouldn't end, so the encounter wouldn't come to an end, but these were steps covering a time that had passed, when the young graduate was reading the story of the only heroine. Inevitably he had to move on. The young man disappeared among the columns and faded into the memory of a plaza with palms and almond trees. And he called out to her not from there but from this patio and it was like a thread that he stretched out to catch her look, the one from then, but they became mixed and the smiles and glances couldn't distinguish the true present.

Trying to keep their steps in rhythm, they continued to walk through galleries and passageways hanging with paintings and portraits of people they didn't know, wearing long, dark capes and plumes and shrouds. Kings, queens, people gone without their

reinas, gente, que se habían ido sin conocerlos. Pasaron por unos salones cerrados y hacía frío. Casi al final y hacia la izquierda les dijeron que estaba la alcoba de la reina y que desde la antesala ella podía mirar la misa que se celebraba en la capilla real. A través de las rendijas, entre las maderas lustradas, ella miraría el altar pequeño pero imponente, y buscaría, quizás todas las mañanas, el rostro del caballero de ojos francos que estaría siempre guardando, protegiendo, esperando. Y sin que nadie se diera cuenta, el caballero miraría la pared de enfrente y entre las elaboradas decoraciones trataría de ver el brillo de una mirada que descubría en silencio. Ella lo vio con su traje ajustado de hombre honrado, labios temblorosos de palabras que siempre se detenían justo allí y no lograban salir, pero que temblaban como caricias. Las palabras dulces de promesas y declaraciones de afecto eterno, siempre en el umbral de su boca, tímidamente recogidas, nunca abiertamente expresadas. Pero él tenía, y para ella era un privilegio, esos ojos por los que podía entrar y recoger, felíz y confiada, las palabras que él no se atrevía a proferir. La alcoba de la reina, con su cama diminuta. Ellos se rieron un poco de tan extraña estatura. Ella miró la cama y el abrazo que se estaría formando hasta el final de los tiempos no podría encontrar aquí su lugar porque necesitaría los campos prematuramente amarillos que veía desde los ventanales. Esos campos donde estaba la casa del poeta que se moría de amor; esos campos que los envolverían cuando ellos rodaran y rodaran y jugando abrieran sus piernas y sus brazos para unir el norte y el sur, el este y el oeste y dibujaran alas de ángeles entre los pastos; y la noche del poeta, aquella que parecía triste, los encontraría a ellos, en esos campos, celebrando un amor que nunca fue. Pero ella no miraba más los campos desde los ventanales porque fueron dando la vuelta hacia la capilla donde el caballero alguna vez buscara la luz de una mirada en las elaboradas decoraciones de madera. El le enseñó el lugar de los obispos y aunque se sentara a la manera de ellos, no podía imaginarse al caballero del traje ajustado con el obispo de hinchada túnica roja, patriarcal y vacío. El se levantó y caminando erguido se alejó con el puño en la espada y entraron al cuarto de armas. Desde allí, ¡qué misterios la escalera estrecha! Subieron ciento cuarenta y dos escalones, el aliento agitado por perfumes de antaño y la edad de sus huesos.

knowing them. Passing by some closed rooms brought a chill. Almost at the end, someone said, to the left, was the queen's bedroom, and from her sitting room she watched mass being chanted in the royal chapel. Behind the slats, the shiny wooden pieces, the queen could see the small, imposing altar, and every morning, perhaps she searched for the face of the gentleman with the frank eyes who was always guarding, protecting, waiting. And without anyone's noticing, the gentleman would look at the slatted wall and among the elaborate decor, he would try to discover the sparkle of a gaze, in silence. She saw him with his fitted waistcoat appropriate for an honourable man, lips quivering with words, words like caresses, that always stopped just there, unable to come out. Tender words, promises and declarations of eternal love, always on the edge of his lips, timidly bundled together, never openly expressed. But it was her privilege to see those eyes he possessed, eyes she could enter, in trust, joyfully, and she could gather up the words he didn't dare offer. The queen's bedroom, its tiny bed. They laughed a little at her unusual stature. She looked at the bed and thought the embrace that would be forming until the end of time couldn't find its place there; it would need the fields of ripened yellow visible from the large windows. In those fields was the house of the lovesick poet; those fields that would envelop them as they rolled over and over in a game of legs and arms opening to join the north and south, the east and west and drawing angels' wings among the grass; and the poet's night, a seemingly sad night would find them there, celebrating a love that never was. But she didn't look at the fields any longer from the large windows because they were now turning toward the chapel where the gentleman might at any moment look for the light of the gaze through the elaborately carved wood. He pointed out the seats for the bishops and although the gentleman sat in like manner, she couldn't imagine him with his fitted waistcoat beside the patriarchal, empty bishop in his swollen red tunic. The gentleman rose and withdrew, walking erect with his hand on his sword, and they moved on to the armoury. From there, the narrow stairway and mysteries! They climbed one hundred and forty-two steps, their breaths shortened from the fragrances of earlier times and the age of their own bones. When they reached the

Cuando llegaron arriba, los campos se apresuraron a venir arremolinándose quietamente a los pies de la torre, sólo para que ellos los vieran. Ella miró el horizonte, más allá del mar, del que trajo los días que no pertenecían a estos campos y los puso sobre ellos, quizás como una ofrenda. Miró la lejanía con la sorpresa del presente. Girando suavemente para no romper el latir del tiempo, miró la ciudad a sus pies y la vio callada, con la sabiduría de la ciudad vieja, acurrucada al sol, dorada y bella, tierna y acogedora. Miró los árboles que estaban quietos y los pájaros que, sin ruido, nadaban en el aire silencioso. La ciudad dorada. La ciudad que existía desde tantos años y que nunca habitaron, la ciudad que otros hicieron para que ellos, una tarde de una historia incompleta, vivieran una vida que no tuvieron. Tanta paz, tanta dulzura, tanta ternura, tanta paz…Ella se dio vuelta lentamente recogiendo con su mirada toda la vida depositada en las piedras, lo miró a los ojos, los ojos como ventanas abiertas sólo para ella, y le preguntó: ¿Me regalas la ciudad? Y él, desde este presente viejo, sin mirar el acueducto, ni las calles ni las callejuelas ni los techos ni la plaza ni la luz dorada derramándose por todas partes, porque toda la ciudad estaba en él, le dijo Sí.

Bajaron los ciento cuarenta y dos escalones, caminaron por las calles de piedra que descendían al corazón de la ciudad, siguieron camino abajo y cuando iban a cruzar los arcos, ella le pidió que se detuvieran justo debajo, sólo por un momento. En el instante mágico que existe sólo una vez, las piedras que fueron puestas unas sobre otras hace ya mucho tiempo, encontraron su sentido y reconocieron a los que siempre habían esperado. Y en un silencio litúrgico que los apresurados automóviles no pudieron quebrar, supieron que sus nombres quedarían inscriptos en las piedras justo en el centro del camino.

Se detuvieron a la salida de la ciudad. Se miraron en silencio. Vieron su juventud todavía proclamando vida en los cabellos grises y las arrugas que llevaban con orgullo, sus cuerpos esbeltos ahora más pesados por los años pero hermosos y latiendo todavía. Se miraron y se vieron tiernamentre instalados el uno en el otro. Sin hablarse reconocieron que la vida es múltiple, y se separaron. Iban a restablecerse en una historia mucho más reciente que la historia

room the fields came tumbling quietly down to the foot of the tower, just so they might see them. She looked at the horizon, beyond the sea; doing so brought days that didn't belong to these fields and placed those days over the fields, perhaps as an offering. She looked into the distance surprised by the present moment. Gently turning so as not to break the rhythm of time, she looked at the city that lay at her feet and it seemed quiet, having the wisdom of an old city, huddled in the sun, golden, beautiful, tender, and warm. She looked at the trees that were motionless and the birds that noiselessly circled in the silent air. The amber city. The city in existence for so many years, which they never lived in, the city others built so they, one afternoon of an incomplete history, could see a life they didn't have. So much peace, so lovely, such tenderness, so much peace…She turned around slowly gathering into her glance all the life contained in the stones, she looked at his eyes, eyes like windows open only for her and she asked him: "Will you give me this city?" And he, out of this old present, without looking at the aqueduct, the avenues, the narrow streets or the roofs or the plaza or the golden light spilling over everywhere, because the whole city was inside him, said "Yes."

They climbed down the one hundred and forty-two steps, walked the cobblestone streets leading from the heart of the city, continued downhill and as they were going to cross under the arches, she asked that they stop right there below, just for a moment. In that one magical instant, the stones, heaped on top of each other for such a long time, found their meaning and recognized the ones they had always been waiting for. And in a liturgical silence that the busy traffic couldn't break, the two of them knew that their names would remain in the stones in the exact centre of the road.

They stopped as they were leaving the city. Looking at each other silently they saw their youth still very alive in their gray hair and the wrinkles they proudly wore, their slender bodies heavier now from the years but still beautiful and pulsing with life. Looking at each other they were conscious of one tenderly within the other. Without speaking they recognized that life is multiple, and they separated to begin a history much more recent than this one that held them in the stones. Others loved them and were loved in return.

presente que los contenía en las piedras. Otros los amaban y ellos también los amaban.

Alguna vez él volvió a la ciudad. Cruzó los arcos, subió las callejuelas que los sorprendiera y en el patio de las columnas no encontró el libro en el que leía el bachiller la historia de la única heroína, ni vio en el elaborado adorno de la capilla real el brillo de unos ojos, y cuando subió casi sin aliento los ciento cuarenta y dos escalones y recorrió con la mirada los campos y la casa del poeta y los techos de la ciudad a sus pies y los árboles y los pájaros pensó que la ciudad ya no existía. Bajó en silencio y al pasar bajo los arcos, se detuvo. Justo en el centro del camino. La recordó con intensidad. Y en el silencio solemne de la piedra se dio cuenta de la indisolubilidad de estas dos historias paralelas que viven en la ciudad dorada. Y sonrió.

Alguna vez ella subió trabajosamente una colina en cualquier otro lugar. En la cima, de cara al sol del poniente, dejó que los rayos iluminaran en sus ojos unos techos calladamente ardientes, callejuelas llenas de sorpresas, el aire quieto, los pájaros en silencio, la ciudad dorada y otros ojos que la llevaban aún más adentro. Y sonrió.

At another time he returned to the city. He crossed through the arches, climbed the narrow streets that once surprised them and in the patio with the columns he didn't find the book that the schoolboy was reading, the one with only one heroine, didn't see in the elaborate adornment of the royal chapel the gleam in another's eyes, and when he climbed the one hundred and forty-two steps and searched the fields and the house of the poet and the roofs of the city at his feet and the trees and the birds, he thought the city no longer existed. He silently descended the steps and when he walked under the arches, he stopped. Right in the centre of the road. He thought of her intensely. And in the solemn silence of the stone he realized the indissoluble nature of these two parallel histories alive in the amber city. And he smiled.

Once, with some effort she climbed a hill in another place. At the top, facing a setting sun, she let the rays illumine in her eyes some roofs quietly burning, narrow streets full of surprises, the air hushed, the birds silent, the city golden and some other eyes that carried her farther inside. And she smiled.

Sobre la autora

Nela Rio. Poeta, escritora, artista e investigadora. Nacida en Argentina, es ciudadana canadiense desde 1977. Tiene ocho poemarios publicados: *En las noches que desvisten otras noches* (Editorial Orígenes, Madrid, 1989)—Finalista del Premio Internacional de Poesía "José Luis Gallego, 1987"; *Aquella luz, la que estremece* (Ediciones Torremozas, Madrid, 1989—Finalista "Premio de Poesía Carmen Conde, 1991"); *Túnel de proa verde / Tunnel of the Green Prow*, traductor Hugh Hazelton, (Broken Jaw Press, Fredericton, 1998, Segunda edición, 2004); el Libro de Artista *Los espejos hacen preguntas / The Mirrors Ask Questions*, traductora Elizabeth Gamble Miller (Gold Leaf Press, Fredericton, 1999; *Cuerpo amado / Beloved Body*, traductor Hugh Hazelton (Broken Jaw Press, Fredericton, 2002); *En las noches que desvisten otras noches / During Nights that Undress Other Nights*, traductora Elizabeth Gamble Miller (Broken Jaw Press, Fredericton, 2003); *Sustaining the Gaze: When Images Tremble / Sosteniendo la mirada: cuando las imágenes tiemblan / Soutenant le regard: quand les images tremblent,* fotografía de Brian Atkinson, poemas de Nela Rio; traducciones, Elizabeth Gamble Miller, inglés, Jill Valéry, francéd (Broken Jaw Press, Fredericton, 2004); *Voces por la paz / Voices for Peace.* Poetry by Amanda Castro (Honduras), Ana María Rodas (Guatemala), Nela Rio (Argentino-Canadiense), Elizabeth Gamble Miller translated Rio's poems. Bilingual edition. (Ixbalam Editores S. de R. L., Honduras, 2004)

Finalista en doce concursos internacionales, sus cuentos y poesía han sido publicados en antologías y revistas de España, Argentina, Chile, Uruguay, México, Puerto Rico, Canadá, Polonia, Brasil, Honduras y los EEUU. Varios de sus libros, cuentos y poemas son usados en cursos universitarios de EEUU y Canadá. Parte de su obra ha sido traducida al inglés y al francés. Es activa en organizaciones de escritores de Canadá, España, los Estados Unidos, Argentina y Chile.

En sus poemarios y cuentos las mujeres ocupan papeles protágonicos. La solidaridad entre ellas se manifiesta claramente en los espacios donde sufren la violencia, ya sea en el mundo público de la represión política, de la marginalización cultural, de los estereotipos

On the Author

Nela Rio. A poet, writer, artist, and literary critic. Born in Argentina, she became a Canadian citizen in 1977. She has published eight books of poems: *En las noches que desvisten otras noches* (Orígenes, Madrid, 1989), Finalist, José Luis Gallego International Poetry Prize, 1987; *Aquella luz, la que estremece* (Ediciones Torremozas, Madrid, 1989), Finalist, Carmen Conde Poetry Prize, 1991; *Túnel de proa verde / Tunnel of the Green Prow*, translated by Hugh Hazelton (Broken Jaw Press, Fredericton, 1998, second edition, 2004); the artist's book *Los espejos hacen preguntas / The Mirrors Ask Questions* translated by Elizabeth Gamble Miller (Gold Leaf Press, Canada, 1999); *Cuerpo amado / Beloved Body* translated by Hugh Hazelton (Broken Jaw Press, Fredericton, 2002);*En las noches que desvisten otras noches / On the Nights that Undress Other Nights,* translated by Elizabeth Gamble Miller (Broken Jaw Press, Fredericton, 2003); *Sustaining the Gaze: When Images Tremble / Sosteniendo la mirada: cuando las imágenes tiemblan / Soutenant le regard: quand les images tremblent,*photos by Brian Atkinson, poems by Nela Rio; translations, Elizabeth Gamble Miller, English, Jill Valéry, French. (Broken Jaw Press, Canada, 2004); *Voces por la paz / Voices for Peace.* Poetry by Amanda Castro (Honduras), Ana María Rodas (Guatemala), Nela Rio (Argentine-Canadian) with translations by Elizabeth Gamble Miller. Bilingual edition. (Ixbalam Editores S. de R. L., Honduras, 2004)

Rio has been a finalist in twelve international literary contests and her poems and short stories have been published in anthologies and journals in Spain, Argentina, Chile, Uruguay, Mexico, Puerto Rico, Poland, Brazil, Honduras, the United States and Canada, and many have been translated into English and French. Several of her books, short stories and poems are used in university courses in the United States and Canada. She is active in writers' organizations in Canada, Spain, the United States, Argentina, and Chile.

Women are the central figures in Rio's work, and solidarity among them is very clearly evident in the situations in which they suffer from violence, whether in the public world of political repression, cultural marginalization, stereotyping due to gender and

de género y edad, o la violencia en el mundo privado del abuso doméstico. En otras situaciones Rio destaca en la relación de pareja la pasión y el goce, la ternura y la comprensión, espacio íntimo en el que tanto la mujer como el hombre son simultáneamente sujeto y objeto del amor.

Como artista, sus "metáforas visuales", Arte Digital, forman parte de algunos de sus poemas y cuentos, con los que ha creado varios Libros de Artista, algunos en papel hecho a mano por ella misma, *La voz del silencio / The Voice of Silence / La voix du silence* (La Candela, Fredericton, 1995),*Francisca sin techo/Francisca Homeless*(La Candela, Fredericton, 2001),*María de la Victoria / Maria de la Victoria* (La Candela, Fredericton, 2002), and *Haiku 2002* (La Candela, Fredericton, 2002). Traductoras: al francés, Jill Valéry; al inglés Elizabeth Gamble Miller. Estos libros han sido exhibidos en conferencias internacionales.

Rio también ha dirigido y co-producido un DVD,*Francisca*, con traducción al inglés, Elizabeth Gamble Miller, y al francés, by Edith Jonsson-Devilliers; el poema está leído por Nela Rio; en inglés por Marcela Hidalgo; en francés por Edith Jonsson-Devilliers. También contiene el arte digital de Nela Rio, 28 "Metáforas Visuales". Co-productora, Mary Margison. Presentado en *International Conference on Art and Technology*, Prince Edward Island, Canada, 2004. El DVD recibió un premio de Arts-Netlantic y del Consejo de Arte de New Brunswick, 2004.

Rio es activa en la promoción cultural. Como socia de la Academia Iberoamericana de Poesía ha organizado cuatro Exhibiciones de Poemas Póster de Poetas Iberoamericanos Contemporáneos (1998, 1999, 2000 y 2002), St. Thomas University, Canadá. En 2003 organizó *Outspoken Art/Arte Claro*, Exhibición Internacional de Poesía y Arte en apoyo a la declaración de las Naciones Unidas por la eliminación de toda forma de violencia contra la mujer. Rio también es responsable del recital poético annual en Fredericton, Canadá, relacionado con el programa de las Naciones Unidas "Diálogo entre los pueblos a través de la poesía".

age, or the private world of domestic abuse. In other setting, Rio concentrates on the couple and in the enjoyment and passion, tenderness and understanding found in the intimate space of a relationship, in which both the woman and the man become the subject and the object of love.

As an artist, her visual metaphors (digital art) have become an integral part of some of her poems and short stories. She has created several artist books, some of them on her own hand-made paper, *La voz del silencio / The Voice of Silence / La voix du silence* (La Candela, Fredericton, 1995),*Francisca sin techo/Francisca Homeless* (La Candela, Fredericton, 2001); *María de la Victoria / Maria de la Victoria*, La Candela, 2002), and *Haiku 2002* (La Candela, Fredericton, 2002). Translators: to French, Jill Valéry; to English, Elizabeth Gamble Miller. These books have been exhibited in international conferences.

Rio has directed and co-produced a multimedia DVD,*Francisca*, English by Elizabeth Gamble Miller, French by Edith Jonsson-Devilliers. Readers Spanish, Nela Rio; English, Marcela Hidalgo; French, Edith Jonsson-Devilliers; it also features 28 of Rio's visual metaphors. Produced by Nela Rio and Mary Margison, it was presented at the International Conference on Art and Technology, Charlotte,PEI, Canada, 2004. The DVD was developed with a grant from Arts-Netlantic partnered with the New Brunswick Arts Board, 2004. *Francisca* has been presented at several conferences and universities in USA and Canada.

Nela Rio has been active in promoting cultural activities. As a member of the Academia Iberoamericana de Poesía she has organized four exhibitions of Poster Poems of Contemporary Iberoamerican Poets (1998, 1999, 2000, and 2002), St. Thomas University, Fredericton. In 2003 she organized *Outspoken Art / Arte Claro*, an International Exhibition of Poetry and Art in support of the declaration of the United Nations for the elimination of all forms of violence against women. Rio has also been responsible for annual poetry recitals in Fredericton, Canada, related to the program of the United Nations "Dialogue Among Civilizations Through Poetry."

Sobre la editora y traductora

La doctora Elizabeth Gamble Miller, profesora emérita de Southern Methodist University, Dallas, Texas, es traductora del español al inglés de poesía, ensayo, fábula y cuento contemporáneo de España, de México, de la América Central, y de la América del Sur. Sus publicaciones incluyen los trabajos de unos treinta autores, entre ellos, libros de Nela Rio (Argentina) 1995-2003, citados abajo; Hugo Lindo (El Salvador), poemas, *Only the Voice / Sólo la voz*, (Richardson, TX: Mundus Artium Press, 1984); David Escobar Galindo (El Salvador), traducido con Helen Clement, *Fábulas, Fables* (San Salvador: Editorial Delgado, 1985); Jacqueline Balcells (Chile), cuentos, *The Enchanted Raisin* (Pittsburgh: Latin American Literary Review Press, 1988); Antonio Porpetta (España), *Ten Poems by Antonio Porpetta* (Madrid: Ediciones Torremozas, 1994; Carlos Ernesto García (El Salvador), poemas, *Even Rage Will Rot / Hasta la cólera se pudre*, bilingual (Merrick, NY: Cross-Cultural Communications, 1994); Claudio Rodríguez (España), ensayo y poemas, *The Gaze That Nothing Owns* (Bowling Green, OH: Mid-American Review Chapbook Series, 1992): ensayo y poemas, *The Market of Light* (Bowling Green, OH: Mid-American Review Chapbook Series, 1995); Jacque Canales (España). poemas, *Eyes of Water / Ojos de agua*, homenaje a Jacque Canales (Madrid: Asociación Prometeo, 1996); y Alfonso Kijadurías (El Salvador), *Payback / Ajuste de cuentos*, arist book (Vancouver: Ediciones Marginales, 2002)

Participa frecuentemente en conferencias internacionales en lecturas bilingües con los autores que traduce y como disertante sobre la traducción literaria. Ha conducido talleres de traducción literaria en E.E.U.U., Guatemala y Canadá. Miller tiene muchas traducciones y ensayos en revistas y antologías, es miembro del Consejo Editorial de *Translation Review*, editora del boletín de noticias de la Asociación Norteamericana de Traductores Literarios (ALTA); es miembro correspondiente de la Academia Salvadoreña de la Literatura, y miembro de la Academia Iberoamericana de la Poesía de Madrid.

Su publicación en libros de la obra de Nela Rio incluye: *La voz del silencio / The Voice of Silence / La voix du silence* (traductora al francés,

About the Translator

Elizabeth Gamble Miller, Ph.D., *professor emeritus*, Southern Methodist University, is a translator from the Spanish of contemporary poetry, fiction, fable, and essay. Her publications include the works of some thirty authors from Spain, Mexico, Central and South America. Among them, are books by Nela Rio (Argentina), published 1995-2003, listed below; Hugo Lindo (El Salvador), *Only the Voice / Sólo la voz* (Richardson, TX: Mundus Artium Press, 1984), *The Ways of Rain / Maneras de llover*, an anthology (Pittsburgh: Latin American Literary Review Press, 1986); David Escobar Galindo (El Salvador), translations with Helen Clement, *Fábulas / Fables* (San Salvador: Editorial Delgado, 1985); Jacqueline Balcells (Chile), short stories, *The Enchanted Raisin* (Pittsburgh: Latin American Literary Review Press, 1988); Claudio Rodríguez (Spain), essay and poems, *The Gaze That Nothing Owns* (Bowling Green, OH: Mid-American Review Chapbook Series, 1992), *Market of Light* (Bowling Green, OH: Mid-American Review Chapbook Series, 1995), essay and poems; Antonio Porpetta (Spain), *Ten Poems of Antonio Porpetta*, (Madrid: Ediciones Torremozas, 1994); Carlos Ernesto García (El Salvador), poems, bilingual, *Even Rage Will Rot (Hasta la cólera se pudre)* (Merrick, NY: Cross-Cultural Communications, 1994). Jacque Canales (Spain), poems, *Eyes of Water (Ojos de agua)*, a tribute to Jacque Canales, (Asociación Prometeo, Madrid, 1996); Alfonso Kijadurías (El Salvador), short story, *Payback / Ajuste de cuentos* (Vancouver: Ediciones Marginales, artist book, 2002).

Miller is a frequent participant in international conferences in bilingual readings and translation workshops. She has been an invited speaker and leader in workshops on literary translation in the US, Guatemala, and Canada. Miller has numerous articles and translations in journals and anthologies. She is on the board of *Translation Review*, the editor of the newsletter of the American Literary Translators Association, a corresponding member of the Academia Salvadoreña de la Lengua, and a member of the Academia Iberoamericana de Poesía of Madrid.

Her book publications of Nela Rio's work include *La voz del silencio / The Voice of Silence / La voix du silence* (translator to French,

Jill Valéry), poemas (Fredericton: La Candela, 1995); *Los espejos hacen preguntas / The Mirrors Ask Questions,* poemas (Fredericton:Gold Leaf Press, 1999); *Francisca sin techo / Francisca Homeless,* poemas (Fredericton: La Candela, 2001); *María de la Victoria,* cuento (Fredericton: La Candela, 2002); *En las noches que desvisten otras noches / During Nights That Undress Other Nights,* poemas (Fredericton: Broken Jaw Press, 2003). Estos libros han sido exhibidos en conferencias internacionales.

Jill Valéry), artist book (Fredericton: La Candela Press, 1995); *Los espejos hacen preguntas / The Mirrors Ask Questions*, poems, artist book (Fredericton: Gold Leaf Press, 1999); *Francisca sin techo / Francisca Homeless*, poems, artist book (Fredericton: La Candela Press, 2001); *María de la Victoria*, short story, artist book (Fredericton: La Candela Press, 2002), and *En las noches que desvisten otras noches / During Nights That Undress Other Nights*, poems, (Fredericton: Broken Jaw Press, 2003); these books have been exhibited at international conferences.

Credits/Acknowledgements

Poemas / Poems

Poemas No./Poems number I, V, IX, XIII, XIV. *En las noches que desvisten otras noches...* (Madrid: Editorial Orígenes, 1989), Edición agotada/Out of print. *En las noches que desvisten otras noches / During Nights that Undress Other Nights*. Bilingual edition. (Fredericton: Broken Jaw Press, 2003); Anthology *Language(s)/ Prison(s)*. Bilingual. (Toronto: Living Archives of the Feminist Caucus of the League of Canadian Poets, 1999); *Letras femeninas*, poem XX (Lincoln: University of Nebraska, 1996), in translation.

"Francisca, sin techo". "The four cantos of Francisca, Homeless", appeared in *World Literature Today*, vol. 75:2., Spring 2001 and on a multimedia DVD, *Francisca*, trilingual with English translation by Elizabeth Gamble Miller, French translation by Edith Jonsson-Devilliers. Readers: Spanish, Nela Rio; English, Marcela Hidalgo; French, Edith Jonsson-Devilliers. Digital art: 28 visual metaphors by Nela Rio. Produced by Nela Rio and Mary Margison, 2004.

"A Ña María" / "To María with afection". in *Tameme, New Writing from North America*. (Los Altos, 2001). Photo essay *"Ña María"/ To María with afection"*, photograph by Brian Atkinson, poem by Nela Rio, mural exhibition within the poetry and art exhibition *Outspoken Art / Arte Claro*, for the Elimination of All Forms of Violence Against Women. St. Thomas University, Fredericton NB, March 2003.

"La doncella de fuego". *Antología del fuego*. (Madrid: Altorrey Editorial, 1993).

"Tango". In *Boreal: poesía latinoamericana en Canadá*. Luciano P. Díaz y Jorge Etcheverry, Eds. (Ottawa: Verbum Veritas and La Cita Trunca, 2002); in *Baquiana, Revista Literaria*. Anuario II (Miami, Ediciones Baquiana, 2002-2001); in *Alter Vox* (Ottawa, 2000); *Nela Rio, Muestras poéticas y artísticas 2002,* Artwork by Nela Rio, (Fredericton: La Candela, 2002); in translation in *Beacons* (Alexandria, VA, 2004).

"Malena, en el patio de luna llena / Malena, on the Patio with a Full Moon". In the *First Exhibition of Poster Poems of Iberoamerican Contemporary Poets*, Canada: 1998; bilingual, in *Luz en Arte y Literatura* (Tarzana, CA, 1997); in *Alter Vox* (Ottawa, 2000); in *Boreal: poesía latinoamericana en Canadá*. Luciano P. Díaz and Jorge Etcheverry, Eds. (Ottawa: Verbum Veritas and La Cita Trunca, 2002); in translation in *Beacons* (Alexandria, VA, 2004).

Poemas No. / Poems Number I, II, III, IV, V, VI, XV. *Los espejos hacen preguntas / The Mirrors Ask Questions* (Fredericton: Gold Leaf Press, 1999). Essay on Sor Leonor de Ovando with poetry by Nela Rio. Bilingual edition. Artwork by Nela Rio. Artist book, limited edition.

"El Rosedal / The Rose Garden", "Comienzo / Beginning", "La brisa / The Breeze", *Danger Falling Ice*. (Fredericton: BS Poetry Society, 1997); in *Geografías, viajes y otras idas (Luz en Literatura y Arte)* (California: Luz Bilingual Publishing Co., 1995.

"El Nombre". bilingual, in *Luz en Arte y Literatura* (Tarzana, CA, USA, 1997).

"Consistente Verdad". In *Letras femeninas* (Lincoln, University of Nebraska, 1996).

"Tiempo de permanencia". In *Letras femeninas* (Lincoln, University of Nebraska, 1996); Poster poem in *III Bienal Internacional de Poesía:* Madrid, 1992; *Nela Rio. Muestras poéticas y artísticas 2002.* Artwork by Nela Rio (Fredericton: Publicaciones La Candela, 2002).

"Dicen que la niña ha vuelto / They Say the Girl Has Come Back" in *Facing Faces*: www.the-cause.org/facingfaces03.

"La noche del laurel mudo". *Boreal: poesía latinoamericana en Canadá.* Luciano P. Díaz y Jorge Etcheverry, Eds. (Ottawa: Canada, Verbum Veritas and La Cita Trunca, 2002).

Cuentos / Short Stories

"El jardín de las glicinas / The Wisteria Garden". In *Revista Literaria Baquiana* (Miami, 2001); in *Periplo* (Guadalajara, Mexico, PEN International, Latin American Section, 1997); "El jardín de las Glicinas / The Wisteria Garden", in *Torre de Papel*, 2002; in *Journal CESLA #3* (Poland, University of Warszawa, 2002).

"Marietta, en el Angelus". *Relatos de Mujeres* (Madrid: Ediciones Torremozas, 1994). "Marietta, At the Angelus" in *Beacons* (Alexandria, VA, 2004).

"Lucrecia". In *Confluencia* (University of Northern Colorado, Greeley, CO, 1994); in the artist book (Fredericton: La Candela, 1996); "Lucrecia", in translation only, in *International Quarterly Review* (New York, 1997). The translation of "Lucrecia" was finalist in *International Quarterly* Writing Awards, Florida, 1997.

"El olvido viaja en auto negro". In *Confluencia* (USA, University of Northern Colorado, 1990); Edición cultural dominical, *Diario Los Andes* (Mendoza, Argentina, 1993). "Oblivion Travels in a Black Car", in translation only, in the *Nashwaack Review* (Fredericton, 1994); in translation only, in *World View* (Washington, DC, 2003), artwork by Roger Essley.

"María de la Victoria". *Alter Vox* (Ottawa, 2000). *María de la Victoria*. Artist book, artwork by Nela Rio, translation by Elizabeth Gamble Miller (Fredericton: La Candela, 2001); in translation, *World View* (Washington, DC, 2003), artwork by Roger Essley.

Selected Titles in Print

Multilingual and bilingual books, and translations into English

Cuerpo amado / Beloved Body (Nela Rio; Hugh Hazelton, translator) poetry, 1-896647-81-2

Dark Seasons (Georg Trakl; Robin Skelton, translator) poetry, German to English, 0-921411-22-7

During Nights That Undress Other Nights / En las noches que desvisten otras noches (Nela Rio; Elizabeth Gamble Miller, translator) poetry, 1-55391-008-7

Heaven of Small Moments (Allan Cooper) original poetry by Allan Cooper plus his translations of Lin Chu, Lorca, Mirabai, Rumi, *et al*, 0-921411-79-0

Herbarium of Souls (Vladimir Tasic; Ralph Bogert, Christine Pribichevich-Zoric & Vladimir Tasic, translators) short fiction, 0-921411-72-3

I Love You: 65 international poets poets united against violence against women (Gino d'Artali, editor) poetry in English or Spanish, 0-921411-31-6

Sunset (Pablo Urbanyi; Hugh Hazelton, translator) novel, 1-55391-014-1

Sustaining the Gaze: When Images Tremble / Sosteniendo la mirada: cuando las imágenes tiemblan / Soutenant le regard: quand les images tremblent (Brian Atkinson, Nela Rio; Elizabeth Gamble Miller & Jill Valéry, translators), photographs & poetry, 1-55391-028-1

Túnel de proa verde / Tunnel of the Green Prow (Nela Rio; Hugh Hazelton, translator) poetry, second edition, 1-896647-10-3

Other titles

A Fredericton Alphabet (John Leroux) photographs, architecture, 1-896647-77-4

All the Perfect Disguises (Lorri Neilsen Glenn) poetry, 1-55391-010-9

Antimatter (Hugh Hazelton) poetry, 1-896647-98-7

Avoidance Tactics (Sky Gilbert) drama, 1-896647-50-2

Bathory (Moynan King) drama, 1-896647-36-7

Break the Silence (Denise DeMoura) poetry, 1-896647-87-1

Crossroads Cant (Mary Elizabeth Grace, Mark Seabrook, Shafiq, Ann Shin. Joe Blades, editor) poetry, 0-921411-48-0

Day of the Dog-tooth Violets (Christina Kilbourne) fiction, 1-896647-44-8

Garden of the Gods (Dina Desveaux) novel, 1-55391-016-4

Great Lakes logia (Joe Blades, editor) art & writing anthology, 1-896647-70-7

I Hope It Don't Rain Tonight (Phillip Igloliorti) poetry, 0-921411-57-X

Jive Talk: George Fetherling in Interviews and Documents (Joe Blades, editor), 1-896647-54-5

Mangoes on the Maple Tree (Uma Parameswaran) fiction, 1-896647-79-0

Manitoba highway map (rob mclennan) poetry, 0-921411-89-8

Paper Hotel (rob mclennan) poetry, 1-55391-004-4

resume drowning (Jon Paul Fiorentino) poetry, 1-896647-94-4

Rum River (Raymond Fraser) fiction, 0-921411-61-8

Shadowy:Technicians: New Ottawa Poets (rob mclennan, editor), poetry, 0-921411-71-5

Song of the Vulgar Starling (Eric Miller) poetry, 0-921411-93-6

Speaking Through Jagged Rock (Connie Fife) poetry, 0-921411-99-5

Starting from Promise (Lorne Dufour) poetry, 1-55391-026-5

Tales for an Urban Sky (Alice Major) poetry, 1-896647-11-1

The Longest Winter (Julie Doiron, Ian Roy) photos, short fiction, 0-921411-95-2

This Day Full of Promise (Michael Dennis) poetry, 1-896647-48-0

The Yoko Ono Project (Jean Yoon) drama, 1-55391-001-X

What Was Always Hers (Uma Parameswaran) short fiction, 1-896647-12-X

www.brokenjaw.com hosts our current catalogue, book prices, submissions guidelines, manuscript award competition, book trade sales representation and distribution information. Directly from us, all individual orders must include shipping and must be prepaid. All Canadian orders must add 7% GST/HST (CCRA Number: 892667403RT0001).

Broken Jaw Press Inc., Box 596 Stn A, Fredericton NB E3B 5A6, Canada